INVESTOR TRADING PSYCHOLOGY

投资者交易心理

■ 鹿希武 著

中国金融出版社

责任编辑：陈　翎
责任校对：潘　洁
责任印制：程　颖

图书在版编目（CIP）数据

投资者交易心理/鹿希武著.—北京：中国金融出版社，2022.3
ISBN 978-7-5220-1535-4

Ⅰ.①投…　Ⅱ.①鹿…　Ⅲ.①证券交易—市场心理学　Ⅳ.①F830.91

中国版本图书馆CIP数据核字（2022）第034350号

投资者交易心理
TOUZIZHE JIAOYI XINLI

出版
发行　中国金融出版社

社址　北京市丰台区益泽路2号
市场开发部　（010）66024766，63805472，63439533（传真）
网 上 书 店　www.cfph.cn
　　　　　　（010）66024766，63372837（传真）
读者服务部　（010）66070833，62568380
邮编　100071
经销　新华书店
印刷　河北松源印刷有限公司
尺寸　169毫米×239毫米
印张　14
字数　197千
版次　2022年3月第1版
印次　2022年3月第1次印刷
定价　158.00元
ISBN 978-7-5220-1535-4
如出现印装错误本社负责调换　联系电话（010）63263947

　　很多投资者希望我写一本有关交易心理方面的书，想通过阅读，了解我在交易过程中的部分心理变化，通过对比，找到他们不能实现长期持续稳定盈利的根本原因。

　　很多趋势交易法爱好者，虽然他们通过各种渠道学习并掌握了趋势交易法的部分或全部交易策略，但是他们仍然不能通过趋势交易法的各种交易策略实现稳定盈利，为什么？

　　我想，除了趋势交易法技术理论，交易心理可能是他们交易失败的主要原因。交易成功包含的因素非常多，主要有技术分析和交易心理两个方面，当然，资金管理也相当的重要。

　　技术分析是人们交易中使用的各种

技法，它是你能够在市场中生存的基础。技术分析本身不具备思维意识，也就没有什么所谓的交易心理。例如，趋势线是人们使用的一种技术分析方法，只要确定了 2 点或 3 点，趋势线就变成了一个客观存在，价格突破趋势线或未突破趋势线，它不会有任何的心理变化。

交易心理是操控技术分析方法的人的心理活动，它来自于人，而不是技术方法。不同的人看问题的方式方法是不同的，每个人都有自己的个性特征，因此不同的人使用同一种技术分析方法，会有不同的交易心理，如【图 0-1】所示。

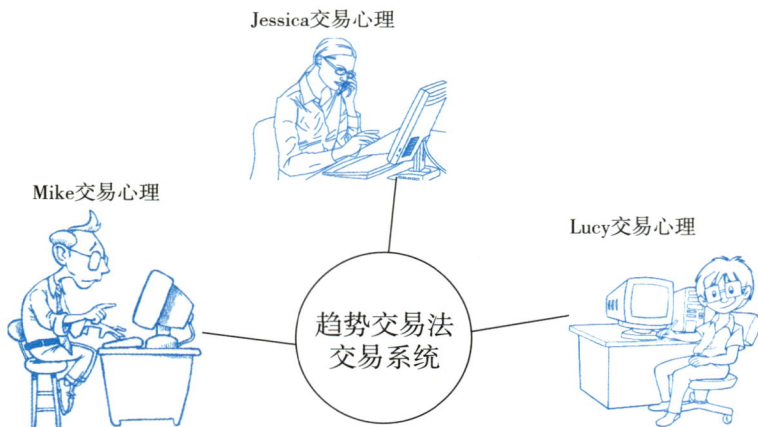

图0-1 技术分析与交易心理图

Mike 对趋势交易法有他的理解，结合他的个性特征，在应用过程中表现出了 Mike 交易心理。与 Mike 不同，Lucy 对趋势交易法有她的理解，在交易过程中表现出了 Lucy 交易心理。同样，还有 Jessica 交易心理等。

趋势交易法交易系统就是一个程序化的计算机，它的出牌规则是前后一致的，所以不会错过任何一个盈利的行情，也不会错过任何一个亏损的行情。盈利和亏损在它面前没有任何分别，不会因为这次交易出现亏损而自动修改出牌规则。因此，它没有任何的心理压力，没有恐惧、痛苦、烦恼、喜悦、愤怒等情绪影响它的交易决策，所以也就没有趋势交易法交易系统交易心理。

解决交易心理问题，指的是解决"人"的心理问题，而不是技术分析方法的心理问题，因为任何分析方法本身没有心理活动。

交易心理就是一个矫正自我的过程，如改正对亏损交易的认识、建立正确的交易观、培养高度的自律和建立强大的自信心等。

交易技术和交易心理相辅相成，交易技术是基础，没有交易技术，谈不上交易心理；同样，没有专业的交易心理，你就无法保障交易技术的正常发挥，无法正常发挥你的交易技术水平。

人们常说"交易成功三分靠技术，七分靠心理"，这是真的吗？

答案是肯定的。但前提是，你一定已经拥有了熟练的技术分析技能和方法。没有技术分析技能为前提，说技术分析和交易心理孰轻孰重，都是空谈。

先解决的是技术问题，后解决的才是心理问题。

在交易心理问题中，交易观是重中之重。没有正确的交易观，将导致交易心理的畸形或变态，影响交易系统的正常运行，最终将导致交易的失败。

不管你是成功的交易者，还是暂时失败的交易者（失败交易者：只要坚持正确的方向，经过努力，每个人最后都可以成为稳定盈利的成功者），大家在交易过程中的心理变化过程并没有什么本质的不同。

不管你是成功者还是失败者，恐惧、贪婪、喜悦、失望、痛苦和报复心，在人们的内心深处一样都不会少。

成功者与失败者的根本不同是，在出现你我都有的心理变化时，成功者首先要考虑的是确保交易系统的正常运行；而失败者考虑的是如何避免类似亏损的交易再次发生。

成功者与失败者对交易结果的态度不同。

交易结束后，不管结果是盈利还是亏损，成功者都会接受这个结果，不找原因，他们认为亏损是交易系统设计中的必然产物；而失败者只接受盈利的交易，不接受亏损的交易，一旦交易出现亏损，失败者就会去寻找各种失败的理由，推卸自身的责任。

成功者与失败者对交易系统的看法不同。

成功者会坚持自己的交易系统，不会轻易改变出牌规则，这是他们能够保持长期稳定盈利的根本；失败者对自己的交易系统半信半疑，他们总是在寻找每笔交易都能盈利的交易方法，把交易的亏损归因为交易方法。

市场上有关交易心理方面的书很多，其中很多作者都是心理学方面的专家，他们从专业的角度讲述人们的心理变化过程，值得投资者学习和研究。

经过近30年的交易，我确实积累了很多的实战交易经验，不能说是丰富，但是对正在奔向成功的投资者还是具有相当的借鉴意义的，我不是心理学方面的专家，没有能力像心理学专家那样把一些概念抽象化。

我将通过图文解说的形式，来讲述交易过程中人们的心理变化。

首先，我将论述技术分析的重要性，因为我是技术分析的痴迷者。

其次，我将简单介绍趋势交易法交易系统的交易流程。

通过介绍，让读者从理上通晓趋势交易法理论。读书的目的就是为了明理，理通了，观念才能被人们的意识所接受。

接下来，我将论述人们对亏损交易的态度，为亏损的交易正名。

盈利和亏损是交易的对立统一体，二者相互依存，缺一不可。

不会因为你刻意避免亏损的交易，你就能够保证你的交易都是盈利的。亏损的交易和盈利的交易将一直贯穿于人们的整个交易过程之中，这是交易的矛盾对立统一属性，是客观存在。

交易盈利了，人们欣喜若狂，不会去找盈利的原因，认为这是一个必然产物；交易一旦亏损，就会去寻找各种失败的原因。其实你根本不用去寻找亏损的原因，因为它是一个客观存在。

在最后一章，由于作者学术基础弱，无法使用抽象的语言和概念，只能用通俗的语言讲述从入场、持仓到平仓整个过程中我和普通投资者不同的心理变化。

本书的目的，是想通过我的讲述，来改变你的交易态度，让你重新认识你自己。只有你认识到自己的问题，才会去寻找改变的方法。

哪天你真正了解了你自己，你的交易才有可能出现改变。

如果你不改变对交易的错误认知，不建立起专业的交易心理，你仍然不能通过交易实现你的梦想——财务自由。

希望这本书能够帮助那些还在苦苦挣扎的投资者，让他们尽快摆脱交易困境，树立正确的交易观，建立起专业的交易心理，尽快步入正常的交易轨道，尽早实现他们的交易梦想——财务自由。

鹿希武

2021 年 12 月 21 日

INVESTOR TRADING
PSYCHOLOGY

投资者交易心理

目 录

第 一 章

技术分析与基本分析

市场分析的方法很多，总体可以归纳为两大类：基本分析和技术分析。

基本分析，是指投资者根据基本面分析，找出影响投资标的物的各种因素，通过对供需关系的量化分析，确定出投资标的物的内在价值。当标的物的价格高于其内在价值时，执行卖出交易计划；反之，如果价格低于内在价值，执行买入交易计划。

技术分析，可以说是概率和统计学在交易领域的具体应用，通过之前的价格和交易量的图形分析，预测价格未来上涨或下跌的概率有多大，以此确定交易的策略。技术分析可以帮助投资者找出入市和出场的最佳时机和价位。

19世纪80年代至90年代，基本面分析派与纯技术分析派还有一番争论，基本面分析派认为技术分析派就是一帮骗子。进入20世纪后，在市场中有关基本面分析与技术分析的争论几乎难以看到，原因是技术分析派常年的稳定盈利数据征服了基本面分析派，技术分析派成为市场的主流。

我是纯技术分析派的代表。为什么要加一个"纯"字？原因是，经过近30年的交易，其间遭受无数次的打击，经常因为消息左右我的交易，打乱我的交易系统的执行。最后，我彻底放弃对基本面信息的关注。

每当我建立了头寸，我会避开任何消息，避免让自己听到或看到有关我投资标的物的任何评论和建议，也不会公开我的买入或卖出信息，保持交易的独立性，排除任何干扰。

我有一个同事，也是美国交易界的著名人物，由于他已驾鹤西去，我就不说出他的名字了。他之前一直专心于交易，后来有朋友介绍他去CNBC做评论嘉宾，从此交易做得一塌糊涂。有一次他问我："鹿，我的交易为什么会是现在这个样子？"我说："你说得太多了，被别人绑架了。"

每当他说出他交易的品种以及交易的方向时，比如，上涨趋势，他的思维将被媒体所左右。行情是瞬息万变的，也许在他离开电视直播间后，行情就已经发生反转，变为下降趋势。为了避免第二天上节目被打脸，他会心存侥幸，坚持看多，他的交易行为已经被媒体人所控制，这是交易领域里祸从口出最好的例子。

任何分析方法都有自己的优点和缺点。每个人有自己独立的性格，也自然会有自己独特的交易方法。我不评论其他的方法是好还是坏，适合你的就是最好的。

纯技术分析方法让我的交易轻松，盈利曲线稳定，这就够了，足以让我对它爱不释手，我也可以容忍它的某些缺点。因为，我们参与市场交易的目的是赚钱，其中的过程好看不好看，不是我关注的重点。

对于普通投资者，我的忠告是，你一定要花一定的时间，认真学习和领悟技术分析的真谛，熟练掌握各种技术分析方法。之后，找到自己最擅长，适合自己性格特征的交易方法。这是走向专业交易的第一步，也是最重要的一步，因为没有技术，就好比你没有腿，也就谈不上走路和马拉松。

尽快建立起自己的交易系统，经过一段时间的交易，进行必要的修正和补充，直到自己满意为止。

在建立自己的交易系统时，避免出现过度优化，臆想让自己的交易系统把每笔交易都实现盈利，满足自己的愿望，那你永远也建立不起来这个不切实际的交易系统。

趋势交易法用到了很多技术分析工具，像拐点线、趋势线、分界点A、K线理论和波浪理论，这是我在交易过程中习惯应用的一些技术分析工具。每一个工具的应用都不能不顾实际，生搬硬套。

实现交易的长期稳定盈利，不一定非要使用复杂的交易系统。如果能够完全理解趋势线的应用，不是囫囵吞枣，即便是只用趋势线一个交易工具，交易照样可以成功。因为交易的长期稳定盈利，靠的是人的执行能力，看你在顺境和逆境下，能否前后一致地贯彻你已制定的交易策略。

不管你的交易系统多么简单，也不管你的交易系统多么复杂，交易的结果都是一样的，不是亏损就是盈利。不会因为你的交易系统简单，亏损的比率就大于盈利的比率；也不会因为你的交易系统复杂，亏损的比率就小于盈利的比率，唯一的差别就是入场的位置不同罢了。

我们可以设计一个最简单的交易系统，交易策略如下。

1. **转向分析工具**：趋势线。

2. **区间跨度值**：$Q_{jt} \geq 39$。

3. **买卖定义**：价格突破并收市于下降趋势线之上，买入；价格突破并收市于上升趋势线之下，卖出。

4. **止损设定**：如果没有趋势线，最高点或最低点为止损点。突破最高点并收市于最高点之上，买入；突破最低点并收市于最低点之下，卖出。

这是一个可以形成闭环的没有办法再简单的交易系统，下面我们选择欧元兑美元 2021 年 1~3 月作为数据组来进行测试，让我们来看看这个简单的趋势线交易系统能否实现亏小赚大，并实现最后的盈利。

【图 1-1】是 2021 年 1 月 1 日欧元兑美元小时走势图。

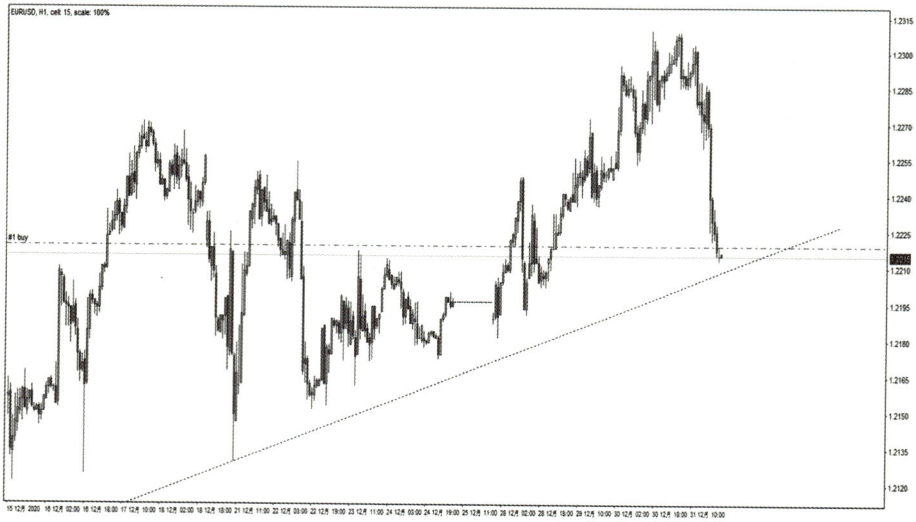

图1-1　欧元兑美元小时走势图

由【图 1-1】可以看出，价格在上升趋势线之上，并接近趋势线，我们选择持有多头头寸，执行买入交易计划。

【图 1-2】是之后的走势图。

由【图 1-2】可以看出，价格突破并收市于上升趋势线之下，按照趋势线交易系统的定义，我们需要及时转向，执行卖出的交易计划。

图1-2 欧元兑美元小时走势图

【图 1-3】是之后的走势图。

图1-3 欧元兑美元小时走势图

在【图 1-3】中，自最高点的下跌没有形成系统定义的 Qjt ≥ 39 的区间跨度，所以我们不能绘制下降趋势线。此时的转向位置只有一个，就是最高点。

如果不遵从趋势线交易系统的定义，你就会画出【图 1-4】中的下降趋势线。

图1-4 欧元兑美元小时走势图

【图1-4】中的两条下降趋势线都不是趋势线交易系统定义的下降趋势线，由此引发的买卖与交易系统无关。

【图1-5】是之后的走势图。

图1-5 欧元兑美元小时走势图

由【图1-5】可以看出，下降趋势运行中出现了一个70的区间跨度，可以绘制下降趋势线。

【图1-6】是之后的走势图。

图1-6 欧元兑美元小时走势图

由【图1-6】可以看出，价格突破并收市于下降趋势线之上，执行买入计划。

【图1-7】是之后的走势图。

图1-7 欧元兑美元小时走势图

由【图1-7】可以看出，上升趋势运行中出现了一个48的区间跨度，按照交易系统我们可以绘制上升趋势线。

【图 1-8】是之后的走势图。

图1-8 欧元兑美元小时走势图

由【图 1-8】可以看出，价格已经突破并收市于上升趋势线之下，按照交易系统，执行卖出的交易计划。

【图 1-9】是之后的走势图。

图1-9 欧元兑美元小时走势图

由【图1-9】可以看出，下降趋势运行中形成了一个46的区间跨度，我们可以按照定义画出下降趋势线。

【图1-10】是之后的走势图。

图1-10　欧元兑美元小时走势图

由【图1-10】可以看出，下降趋势形成了第三个区间（Qjt=39），我们可以绘制新的下降趋势线。

【图1-11】是之后的走势图。

图1-11　欧元兑美元小时走势图

由【图 1-11】可以看出，价格已经突破并收市于下降趋势线之上，我们根据买卖定义执行买入交易计划。

【图 1-12】是之后的走势图。

图1-12　欧元兑美元小时走势图

由【图 1-12】可以看出，上升趋势运行中形成了一个 97 的区间跨度，我们可以绘制上升趋势线。

【图 1-13】是之后的走势图。

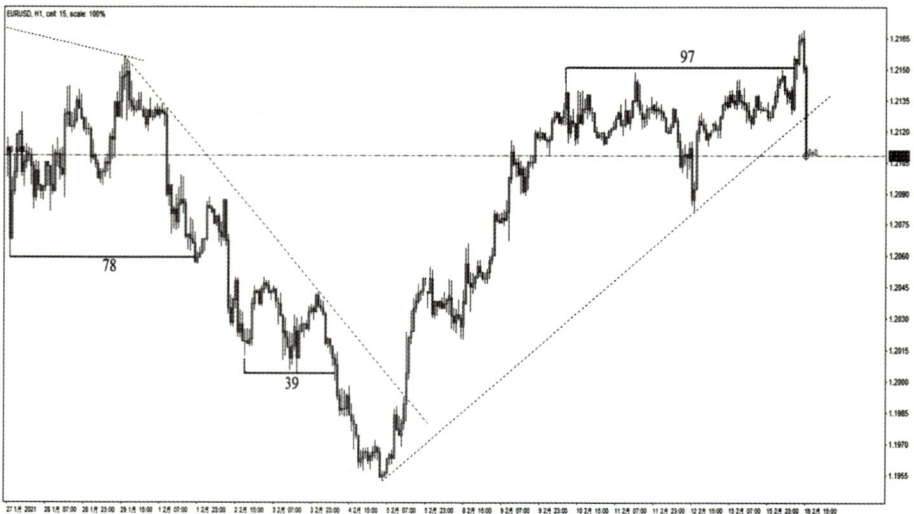

图1-13　欧元兑美元小时走势图

由【图1-13】可以看出，价格已经突破并收市于上升趋势线之下，我们执行卖出的交易计划。

【图1-14】是之后的走势图。

图1-14　欧元兑美元小时走势图

由【图1-14】可以看出，价格已经突破并收市于最高点之上，按照止损的定义，我们需要及时止损，平仓之前的空头头寸，建立新的多头头寸。

【图1-15】是之后的走势图。

图1-15　欧元兑美元小时走势图

由【图1-15】可以看出，上升趋势中形成了一个47的区间跨度，我们可以绘制上升趋势线。

【图1-16】是之后的走势图。

图1-16　欧元兑美元小时走势图

由【图1-16】可以看出，价格已经突破并收市于上升趋势线之下，我们平仓后执行卖出交易计划。

【图1-17】是之后的走势图。

图1-17　欧元兑美元小时走势图

由【图 1-17】可以看出，下降趋势运行中形成了一个 57 的区间跨度，我们可以绘制下降趋势线。

【图 1-18】是之后的走势图。

图1-18　欧元兑美元小时走势图

由【图 1-18】可以看出，价格已经突破并收市于下降趋势线之下，我们平仓结束测试。

下面我们来分析这个交易过程中的一些数据。

【图 1-19】是盈利累计曲线图。

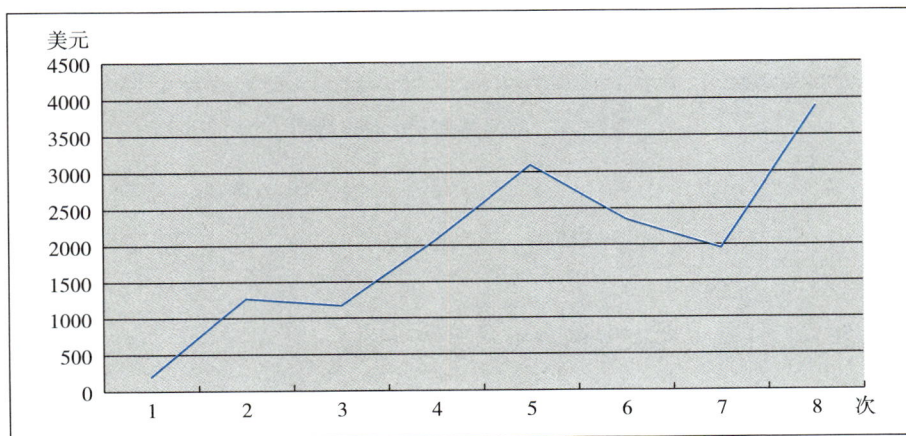

图1-19　盈利累计曲线图

由【图1-19】可以看出，即便是我们用最简单的趋势线交易系统，仍然可以实现盈利，因为我们在整个运行过程中，一直保持了出牌规则的一致性。

你制定的规则不管是多还是少，都是"法律"，必须无条件地执行，必须体现出法律的严肃性，在法律面前人人平等。不能因为个人的喜好，这次的交易遵守"法律"，下次的交易"违法"进行。

如果以上的交易测试，我们不遵守趋势线交易系统制定的"法律"，没有形成 $Qjt \geqslant 39$ 的情况下，随意绘制上升趋势线或下降趋势线，如【图1-20】中实线所示，那么交易的结果就变成了不确定性事件。

图1-20　欧元兑美元小时走势图

由【图1-20】可以看出，如果没有绘制趋势线的规则，那可以绘制出无数的上升趋势线或下降趋势线，增加无数的不确定的交易，那么交易的结果是无法保障的。

【图1-21】是每笔交易的盈亏状况统计图。

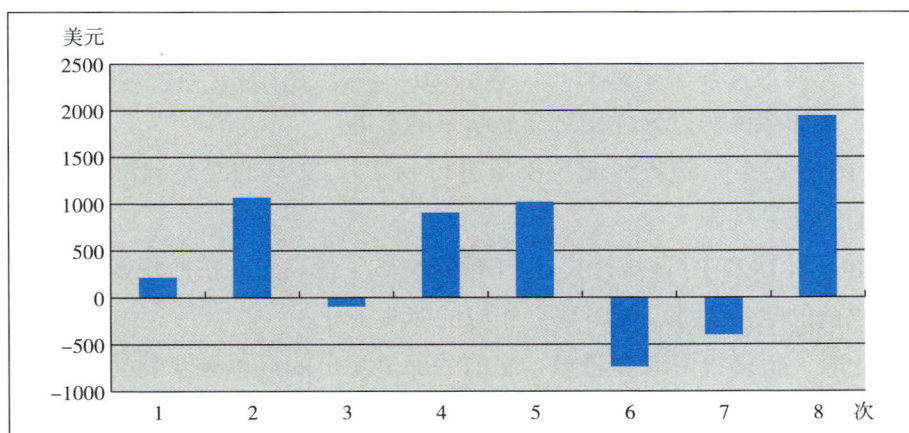

图1-21 每笔交易的盈亏状况统计图

由【图 1-21】可以看出，交易的过程实现了亏小赚大。盈利次数为 5 次，亏损次数为 3 次，准确率为 62%。

通过数据分析，我们可以得到这样的结论：交易系统没有好坏之分，只要能够实现亏小赚大，保证一定的准确率，就是一个好的交易系统。

一个好的交易系统，能否带来持续稳定的收益，与交易系统执行人的执行能力有关，你的执行能力和你对交易的态度，是交易系统能否正常运行的关键。

通过以上的举例，希望你对交易的态度有一个根本性的转变。

1. 千万不可迷信世界上存在 100% 准确率的交易系统，而不停地寻找更换自己的交易系统，那只会浪费你的交易青春。

2. 有了交易系统，就要去百分之百地执行交易系统，它才能为你创造持续稳定的盈利。

3. 保持健康的交易心态。不管交易结果是盈利还是亏损，都要坦然地接受。

我们很多投资者不能固定自己的交易系统，总是根据自己交易的结果来调整交易系统，这是一种对交易系统的过分优化的错误意识，导致的直接结果就是交易系统的彻底崩溃。

为了便于交易结果的对比，我们仍以 2021 年 1 月 1 日—3 月 10 日为数组，来详细说明过分优化对交易结果的影响。

【图 1-22】是趋势线交易模型进行到 2 月 22 日的交易状况，我们保持之前的交易规则不变。

由【图 1-22】可以看出，由于价格突破了最高点，按照规则我们需要平仓之前的空头头寸，同时建立相应的多头头寸。

此时，很多投资者会臆想，之前的那笔卖出的订单有获利的机会，如果我能在出现启明星的时候（最低点）买入，就不会造成这次交易的亏损，那么交易就完美了。

图 1-22　欧元兑美元小时走势图

有了这样的错误潜意识，那么下一次再出现这样的情况，你"违法"交易的可能性就会增加，如【图 1-23】所示。

由【图 1-23】可以看出，价格突破并收市于上升趋势线之下，执行卖出的交易计划，之前的买单再次止损出局。

由于之前的多单也有获利的机会，你同样会想：如果我能在高点出现黄昏星时平仓，并反向卖出，该有多好。

图1-23　欧元兑美元小时走势图

这一次亏损的交易，如果不能从心底里接受，就会强化启明星买入和黄昏星卖出的错误潜意识，在不知不觉中，产生了逆势交易的错误意识。

【图 1-24】是之后的走势图。

图1-24　欧元兑美元小时走势图

由【图1-24】可以看出，下降过程中出现了启明星反转形态。由于不接受之前连续的两次亏损，启明星买入和黄昏星卖出的潜意识已经形成，所以出现【图1-24】中的启明星，你会毫不犹豫，坚决地执行买入计划，这时你的交易系统早已被你抛到九霄云外去了。为了能说服你的行为是正确的，你会寻找各种理由，像现在可能是扩张三角形等，来支持你买入的决定。

【图1-25】是之后的走势图。

图1-25　欧元兑美元小时走势图

由【图1-25】可以看出，价格突破了启明星的低点，此时你又想起交易系统的好处，想到还是遵守交易纪律，及时止损并马上顺势卖出。

【图1-26】是之后的走势图。

由【图1-26】可以看出，止损顺势卖出后，又出现启明星。你是否还得买入，因为你不甘心，你还是会相信你的感觉。

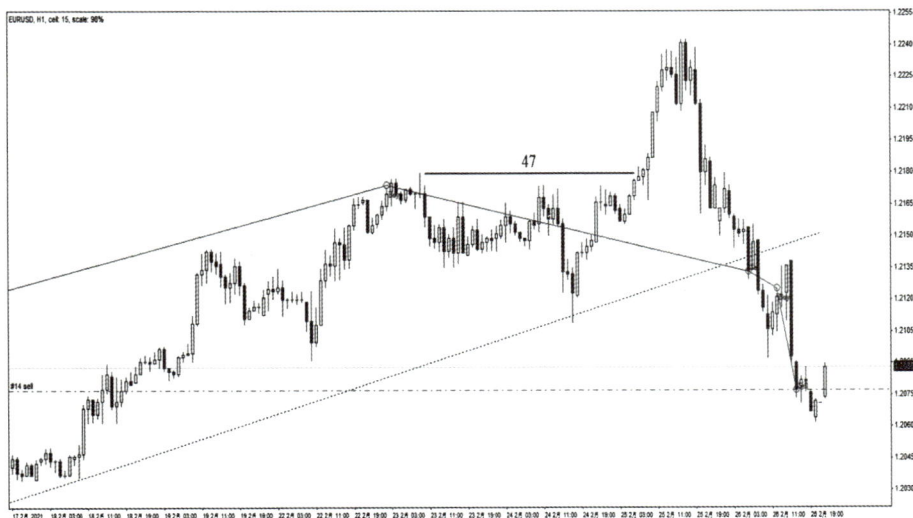

图1-26　欧元兑美元小时走势图

【图 1-27】是之后的走势图。

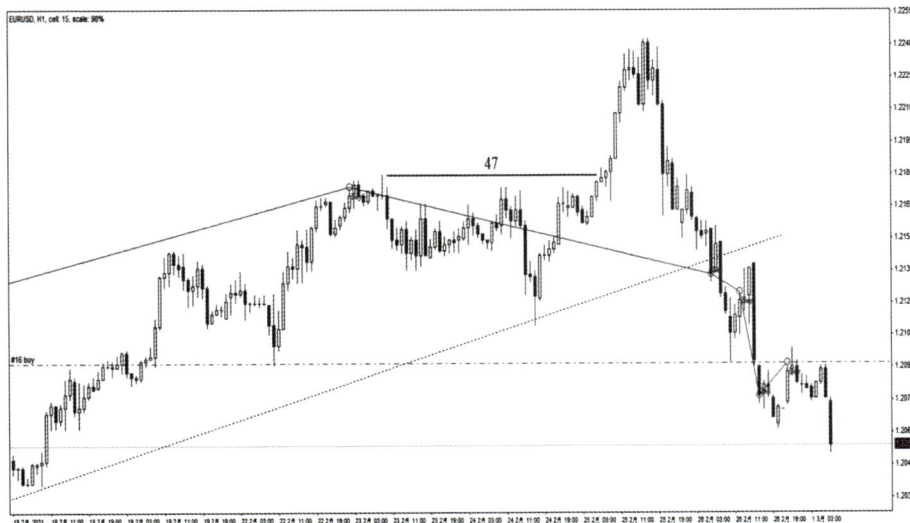

图1-27　欧元兑美元小时走势图

由【图 1-27】可以看出，价格再次突破启明星的低点，你是不是还得止损卖出？连续两次止损，你会意识到遵守交易系统的好处，止损后顺势卖出还是你的首选。

【图 1-28】是之后的走势图。

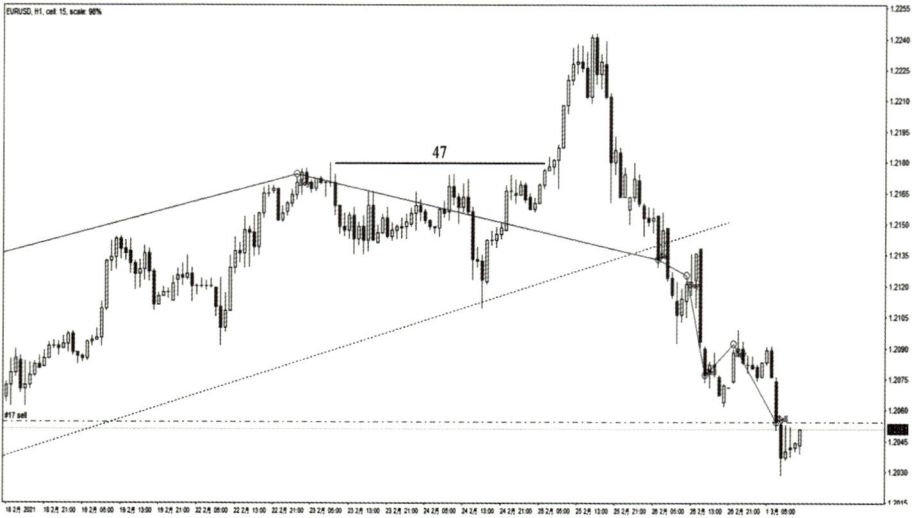

图1-28　欧元兑美元小时走势图

由【图1-28】可以看出，止损卖出后，价格没有加速而是又出现启明星。经过两次连续亏损，这次出现启明星你会有所顾忌，想多观察一下。

只要你有逆势交易的想法，市场总归会成全你的愿望，让你逆势买入或卖出。

【图1-29】是之后的走势图。

图1-29　欧元兑美元小时走势图

由【图 1-29】可以看出，市场出现了一根锤子线，继续引诱你买入，如果你不买，它还会不停地引诱你，直到你买入后，才开始加速下跌。

【图 1-30】是之后的走势图。

图1-30　欧元兑美元小时走势图

由【图 1-30】可以看出，再次出现启明星引诱你买入。不相信你这次能够忍得住，不上当受骗。

【图 1-31】是之后的走势图。

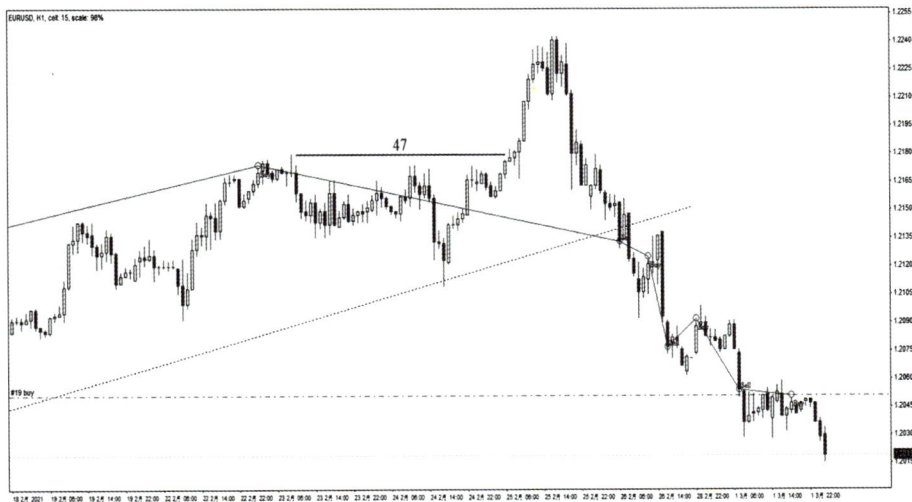

图1-31　欧元兑美元小时走势图

21

由【图 1-31】可以看出，价格再次加速下跌。

你买入，它就下跌；你卖出，它就止跌盘整。你会感觉到市场在跟你作对。

这只是你的错觉。试想，之前的复盘测试时，完全执行交易系统时，哪有这么多想法？这些想法从何而来，又是什么时间开始的呢？从你追求完美的交易开始。

此时，你应该能够恍然大悟，执行交易系统过程中，融入个人的想法有多可怕。

【图 1-32】是之后的走势图。

图1-32　欧元兑美元小时走势图

由【图 1-32】可以看出，止损卖出后，又出现启明星反转形态。经过连续的三次亏损，心态早已崩溃，没有胆量再继续逆势买入。

你什么时间没有胆量买入，它就什么时间开始恢复上升，市场就像幽灵一般，折磨那些喜欢逆势交易的人。

【图 1-33】是之后的走势图。

图1-33 欧元兑美元小时走势图

看到【图1-33】的走势图，你是不是得发疯？

之前不停地买入，都被市场止损，最后一次启明星放弃买入，它却真的见底回升，每个人都受不了这样的侮辱，人们的自信心会受到极大的打击。

如果你不能冷静下来，就会做出愚蠢的行为，止损买入。

【图1-34】是之后的走势图。

图1-34 欧元兑美元小时走势图

由【图1-34】可以看出，价格再次突破之前的最低点，止损越来越大，一旦账户亏损的总计超出你的心理承受极限，你就会乱了方寸。

市场的打击让你一时难以恢复元气，自信心全无，不敢再根据自己的感觉去交易了，又缺乏对交易系统的信心，这样的话，交易就无法进行下去了。

此时，唯一的想法，就是借助外力。看看有没有人能帮我喊单，让我盈利几次，把亏损赚回来再说。

这是不切实际的想法，因为别人的交易也是50%的准确率，怎么可能保证几次的喊单，就能把你的亏损赚回来！

这个逆势交易的行为，产生于对交易系统的过度优化。在优化交易系统的过程中，不知不觉地种下了逆势交易的种子。

假设2021年1~3月时间段的交易只经历了这4次主观交易，其他交易都是按照趋势线交易系统来执行的，得到的相同时间段的交易结果对比，如【图1-35】所示。

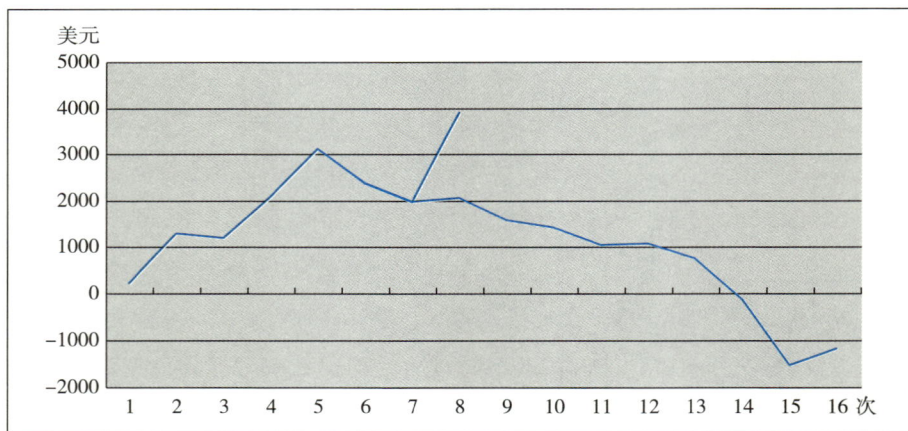

图1-35 盈利累计曲线图

由【图1-35】可以看出，只是增加了4次主动转向的意识，就完全破坏了交易系统的盈利曲线，由盈利3905.50美元变为亏损−1175.50美元，这一巨大的差别就在一念之间形成了。

同时我们还可以看到，交易次数增加了一倍，多出的8次交易，就是属于人的主观交易，与交易系统无关。

这样的情形是否在你的现实交易中出现过？如果有，你就应该知道你亏损的真正原因了，下一步需要修正的是你，而不是交易系统。

很多投资者认识不到自己的问题，交易出现问题，就从外而不是从内去找原因，认识不到自己的问题，这是他们交易很难进步的重要原因。

要想在交易领域有所成就，你就必须从认识自我和改变自我开始。认识自我是非常困难的，没有人能主观地去发现自己的弱点，潜意识总是隐藏自己的弱点，故意展示自己的优点。没有人愿意听对自己不好的话，也没有人不愿意听赞美自己的话。这些意识对交易没有任何好处。

认识自我难，改变自我更难。所以，常人要想在交易上成功，其实比登天还难。人们的行为一旦成为习惯，就很难改变，除非你有超人的坚强毅力。

交易上能够成功的人，他的思维和行为模式，一定与常人不同。

下一章，我将展示趋势交易法交易系统的各种交易数据，了解趋势交易法交易系统的盈利能力。

第 二 章

趋势交易法交易系统

每一个市场参与者，都有自己的交易系统。

不管你是老手还是新手，在潜意识中一定有一套成熟或不成熟的交易系统，它可能是成功的交易系统，也可能是失败的交易系统。

如果意识中没有交易系统，你就不知道什么时间、什么价位执行买入或卖出交易计划，也不知道在什么时间、什么价位平仓转向。

一套成熟的交易系统，不会是一成不变的，因为没有一成不变的事物，运动和发展是事物的固有属性和存在方式。

人们曾经认为太阳是静止的、不变的，实质是太阳也在旋转，与地球一样，自西向东旋转。它带领着太阳系的水星、金星、地球、火星、木星、天王星和海王星以每秒 250 公里的速度围绕银河系中心旋转。据天文学家测算，太阳的寿命至少有 100 多亿年，目前处于稳定而旺盛的中年期，等所有的内部物质全部转化成铁，就会进入到老年期，最后走向消亡。

金融市场也在不断地变化，市场的运行特性也在不停地变化。可以感觉到的变化就是每年的行情都不一样，今年行情大，明年行情就会小；今年振幅大，明年振幅就会小，趋势就会明显等。市场的运动特性在不停地变化。

作为交易者的我们，必须了解市场的运行特性，以此调整自己的交易系统，以适应不断变化的金融市场。

经过近 30 年的交易，我的交易系统也在不断地完善和更新当中，尽最大的努力做到与时俱进。

以下是我在交易过程中的最新交易系统，如【图 2-1】所示。

由于本书的重心在专业交易心理的讲述，所以，有关趋势交易法交易系统的制定和应用不在本书中做深入的讨论，读者可以参阅《趋势交易法》第三版，以及官网（http://www.qsjyf.com）上发布的免费学习视频。

趋势交易法交易系统是我实战的交易总结，反映的是我在交易过程中的入市、持仓和平仓的交易习惯。它可能适合你，也可能不适合你，你需要根据自己的个性，找到适合你自己的交易系统。趋势交易法交易系统只是你找到自己交易系统的引路人。

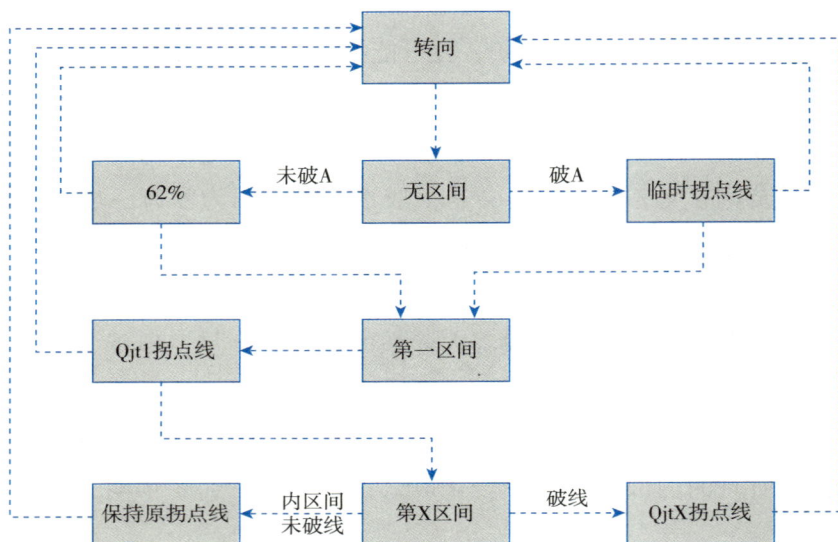

图2-1　趋势交易法交易系统流程图

一套交易系统是否可行，必须得到一系列数据的验证，这些交易数据也是交易系统能否得到人们的信任的理论依据。

下面我们通过一些数据，来评估趋势交易法交易系统的优缺点。我们以外汇市场欧元兑美元为例，对趋势交易法交易系统进行评估测试。

说明1：所有交易都是TFM智能交易系统完成的，没有任何人为干扰，确保了趋势交易法交易系统的真实性和有效性。

说明2：趋势交易法交易系统适合所有品种的交易，但是各品种有它们各自的运行特性，所以策略参数会略有不同。

说明3：测试过程中由于错误数据导致的交易失真，造成的亏损保留在数据中，未刻意扣除，以便证实交易系统的有效性。

【图 2-2】是以 10 年数组（2011—2020 年）得到的盈利曲线。交易严格按照 TFM 智能交易系统发出的买卖信号进行每笔交易，不做任何人为的主动性转向，保持交易系统运行的独立性。

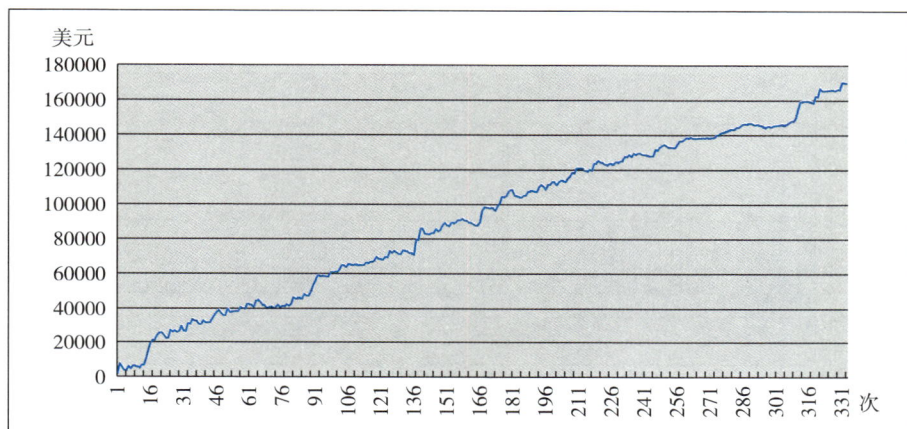

图2-2　10年数组盈利曲线图

由【图 2-2】可以看出，盈利曲线相当稳定，没有出现大的资金回调，可以验证趋势交易法交易系统的盈利稳定性。

看到【图 2-2】的盈利曲线，每个人都会很兴奋，认为趋势交易法交易系统太厉害了，这么完美。现实是，这个稳定的上升盈利曲线是由无数的完美交易和不完美交易构成的，如果我们放大到某一年或某一月的交易，你看到的盈利曲线就会吓你一跳，因为在某一局部，交易会出现连续的亏损。

如果你把交易系统的表现注意在某一个点，或某一笔交易，那它的表现可能很好（趋势行情），也可能很糟糕（盘整行情）。

人们习惯的看待交易的思维模式是，看到这笔交易盈利，就肯定它；看到这笔交易亏损，就否定它，这是对交易系统的错判。

如果这种错误的潜意识不消除，你就永远活在交易系统选择的路上，今天学张三，明天学李四，后天学王五。亏了都是张三、李四和王五的责任，与你没有一点关系，今天骂张三，明天损李四，只有这样，你才能消除内心的痛苦，这是交易完全失去了自信的外在表现，但凡你还有一点信心参与交易，就不会把责任推给张三、李四和王五，因为参与交易的人没有时间和精力去关注交易以外的任何信息。

【图2-3】是10年数组得到的每笔交易统计。

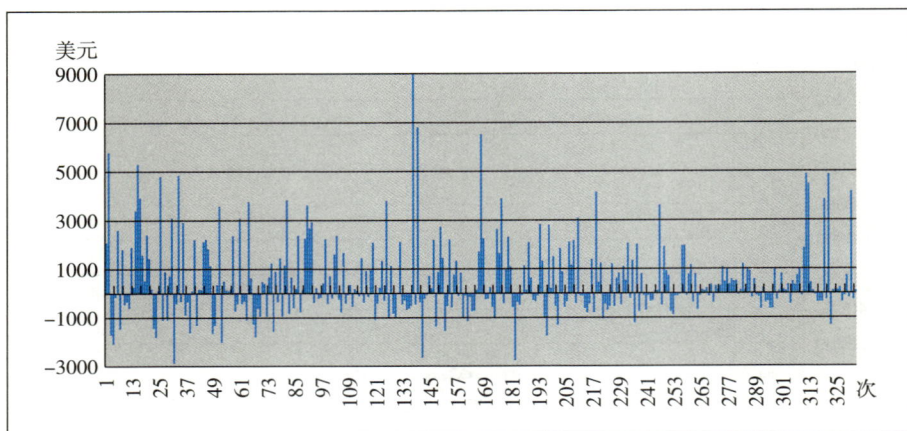

图2-3　10年数组每笔交易统计图

由【图2-3】可以看出，亏损都限制在3000美元以内，而盈利最大可以达到近9000美元，体现了趋势交易法交易系统的亏小赢大，这也是任何一个能够实现长期稳定盈利的交易系统必须具备的技术条件。

趋势交易法交易系统一旦运行，它不会漏掉任何一个盈利的行情，同样，也不会漏掉任何一个亏损的行情。因为有趋势交易法技术工具，确保了亏损的幅度不超过盈利的平均幅度。盈利的空间没有任何工具的约束与限制，可以实现【图2-3】中的亏小赢大。

【图2-4】中的统计图，就像普通投资者的心电图，盈利的交易是心情愉悦、兴奋程度的真实写照；亏损的交易是心情沮丧、痛苦程度的真实记录。大盈大喜，小盈小喜；大亏大悲，小亏小悲。

如果我们把情感引入交易系统中，非完全智能交易，那么【图2-2】中完美的盈利曲线就是一个不确定的未知数。因为每次情绪的变化，都将影响到下一次交易系统的执行。

【图2-4】是10年数组得到的准确率。

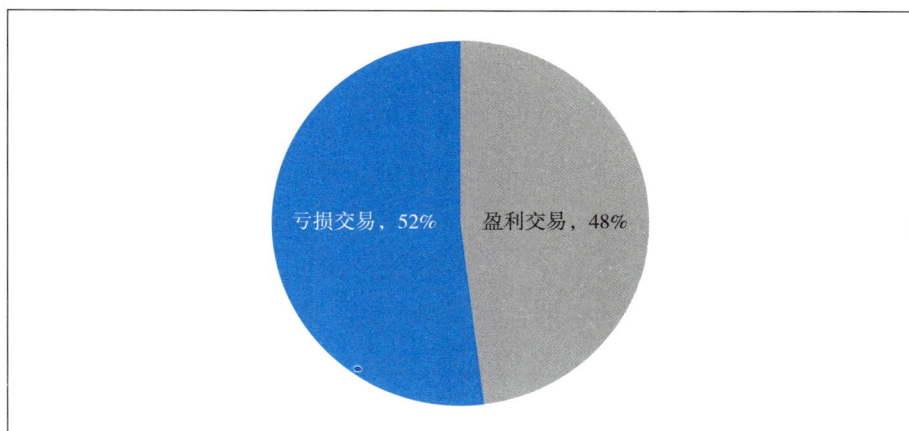

图2-4　10年数组准确率图

由【图2-4】可以看出，完成漂亮的10年盈利曲线的趋势交易法交易系统的准确率只有48%，这是否颠覆了你对成功者交易的认知？你是否认为成功交易者的准确率应该是100%？

如果答案是否定的，你就不会一有机会就要听听专家对市场走势的看法，你也不会傻傻地缴费买所谓的专家信号来指导你的交易。

下面我们把【图2-2】中的盈利曲线放大，微观来观察以年为数组的趋势交易法交易系统的交易表现，可以很容易发现趋势交易法交易系统的优点和缺点。

【图2-5】是2011年趋势交易法交易系统实现的盈利曲线。

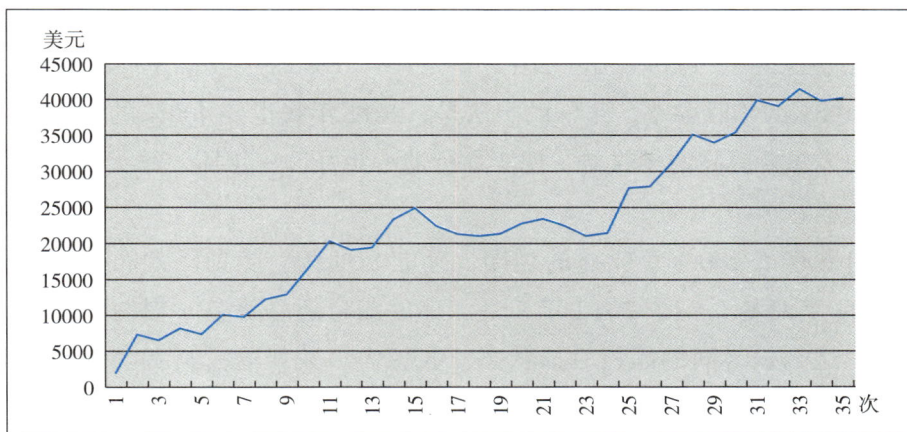

图2-5　2011年盈利曲线图

由【图 2-5】可以看出，2011 年实现了 403% 的年收益率，说明 2011 年的行情较大。

在 15~24 笔交易中，也就是 6~9 月，出现了较长时间的资金回撤，说明这段行情为上下震荡幅度较大的盘整行情。可以接受的是，回撤的幅度不大。

如果将这 10 笔交易放在 10 年数组（2011—2020 年）盈利曲线【图 2-2】中，几乎看不到它的存在。所以说，所有完美的盈利曲线都是由无数的完美交易和不完美交易构成的，这是一个客观存在。

【图 2-6】是 2012 年趋势交易法交易系统实现的盈利曲线。

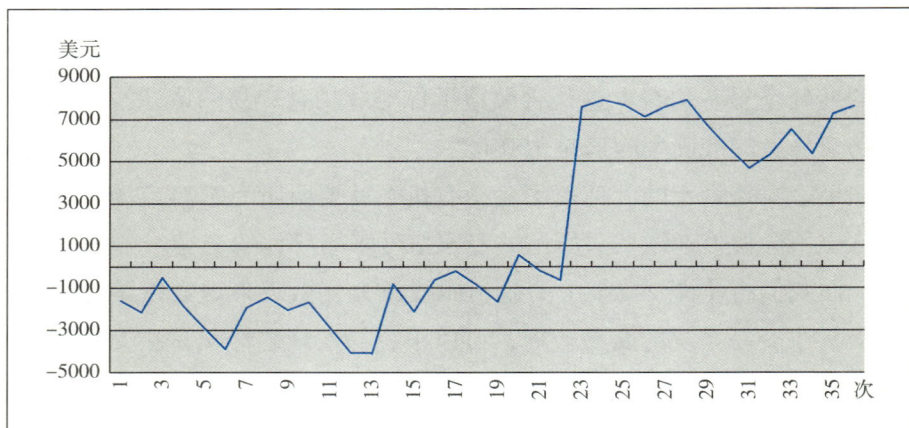

图2-6　2012年盈利曲线图

由【图 2-6】可以看出，2012 年实现了 76% 的年收益率。2011 年实现了 403% 的年收益率，正常的想法是，2012 年我也要 400% 的年收益，贪婪的你想要更高的年收益。现实是行情一年好、一年坏，每年的收益是无法确定的。

如果有了 400% 年收益的预期，你的心理就会受到巨大的打击。运行了 24 笔交易，到了 2012 年 7 月，你的账户还是负数，你的心理是否能忍受这么长时间的账户亏损状态？我想大多数普通投资者会把责任推到系统上，或开始怀疑自己的交易能力，失去继续交易的自信。

在你最失望的时候，也就是你想放弃的时候，一条 800 点的"大鱼"

才姗姗来迟。如果你不能忍耐系统这段时间的拙劣表现，你就有可能与这800点的利润擦肩而过，让你过后捶胸顿足，懊恼不已。

虽然2012年的盈利曲线较为难看，但是放到大数据组【图2-2】中，你也看不出它的拙劣表现。

只能看到光亮的外表，却看不到其内在的不完美，这是普通投资者习惯戴有色眼镜看交易的行为方式。

我们在交易过程中，需要调整的就是这方面的问题，你要有这样的心理意识，虽然某段时间，或某一笔交易出现了亏损，但并不会影响我1年、5年或10年的交易绩效。但是现实是人们习惯在某一点上而不是在某一面上看问题，这就会造成对交易的误解。

【图2-7】是2013年趋势交易法交易系统实现的盈利曲线。

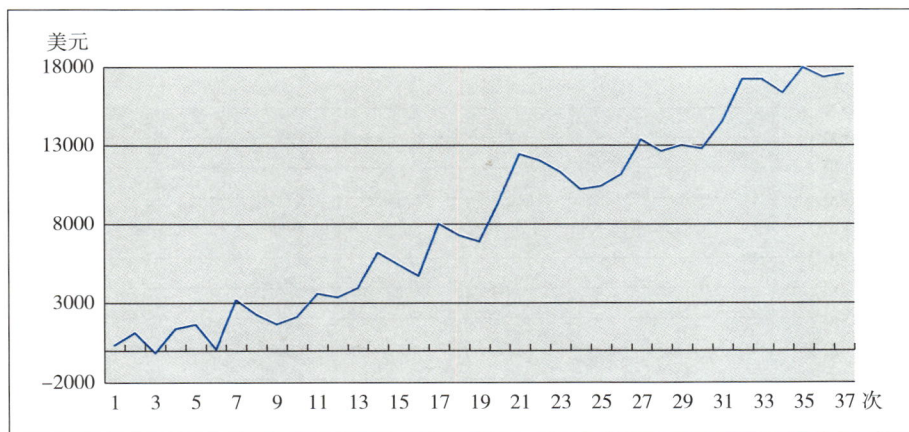

图2-7 2013年盈利曲线图

由【图2-7】可以看出，2013年实现了176%的年收益率。

2013年的交易绩效明显比2012年好很多，资金回撤幅度小，说明2013年是以趋势为主的行情。2011年趋势行情，盈利曲线完美；2012年盘整行情，盈利曲线较为难看；2013年趋势行情，盈利曲线完美。

所以，我们必须树立正确的交易观：盈利多少与我无关。我的责任是制定交易系统，并100%执行交易系统，交易的结果是由市场决定的，与我无关。

很多投资者也有自己比较成熟的交易系统，不能实现长期稳定盈利，为什么？

原因就是不能宏观地看待自己的交易系统。他们有一种错误的交易潜意识，希望每笔交易都能实现盈利。一旦交易出现亏损，潜意识不能接受亏损的客观存在，就拿自己的交易系统开刀，修正自己的交易系统，让它改正"错误"，确保这笔错误的交易能够实现盈利，殊不知系统的改变，将之后的可能盈利的交易变成了未知数。

对待交易系统正确的态度是，交易系统一旦固定，就不轻易改变出牌规则，这笔交易是亏是赚，我都接受，因为我知道以1个月、1年或10年为数组，这笔亏损在稳定的盈利曲线中，是沧海一粟，不值得一提。

【图2-8】是2014年趋势交易法交易系统实现的盈利曲线。

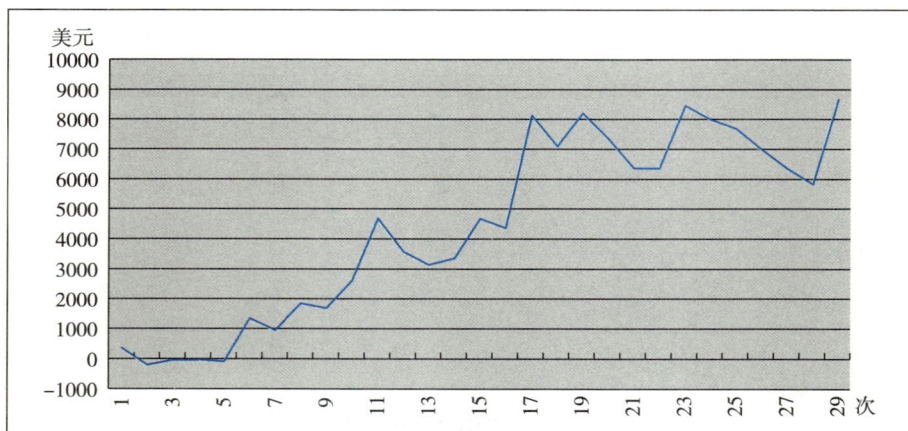

图2-8　2014年盈利曲线图

由【图2-8】可以看出，2014年实现了87%的年收益率。

在18~28笔交易中，盈利曲线经过了11笔交易的回调，对应交易时间为9—12月，与【图2-6】2012年盈利曲线一样，盘整走势发生在9—12月。行情每年在9—12月出现盘整行情与交易员休假有直接关系。

【图 2-9】是 2015 年趋势交易法交易系统实现的盈利曲线。

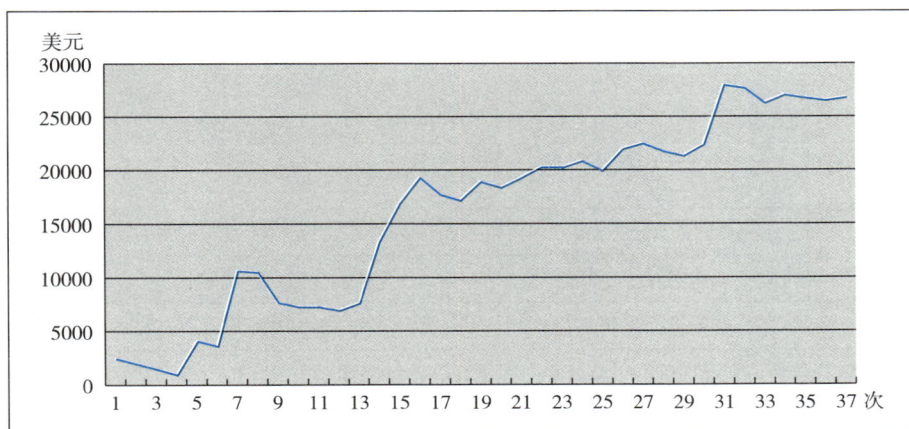

图2-9　2015年盈利曲线图

由【图 2-9】可以看出，2015 年实现了 268% 的年收益率。

【图 2-10】是 2016 年趋势交易法交易系统实现的盈利曲线。

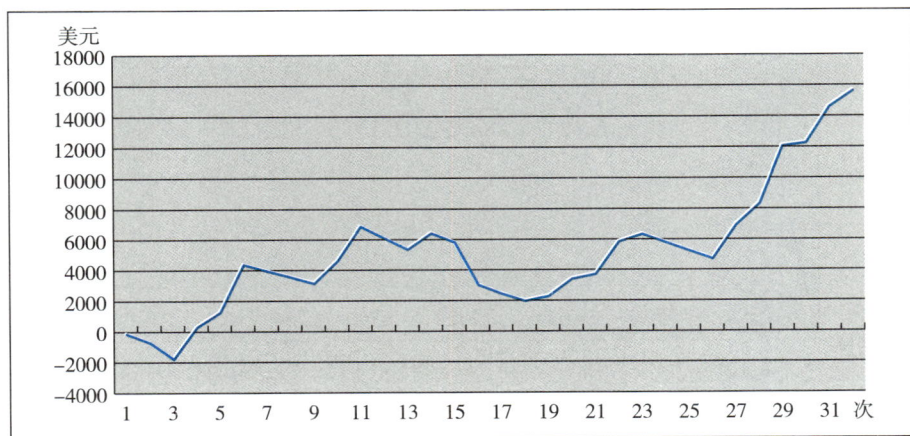

图2-10　2016年盈利曲线图

由【图 2-10】可以看出，2016 年实现了 157% 的年收益率，盘整行情发生在 5—9 月。

【图 2-11】是 2017 年趋势交易法交易系统实现的盈利曲线。

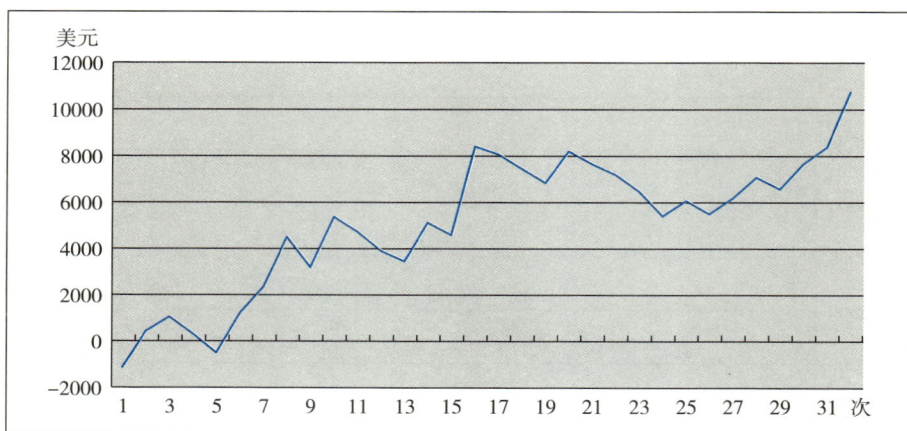

图2-11　2017年盈利曲线图

由【图2-11】可以看出，2017年实现了108%的年收益率，盘整行情发生在8—10月。

【图2-12】是2018年趋势交易法交易系统实现的盈利曲线。

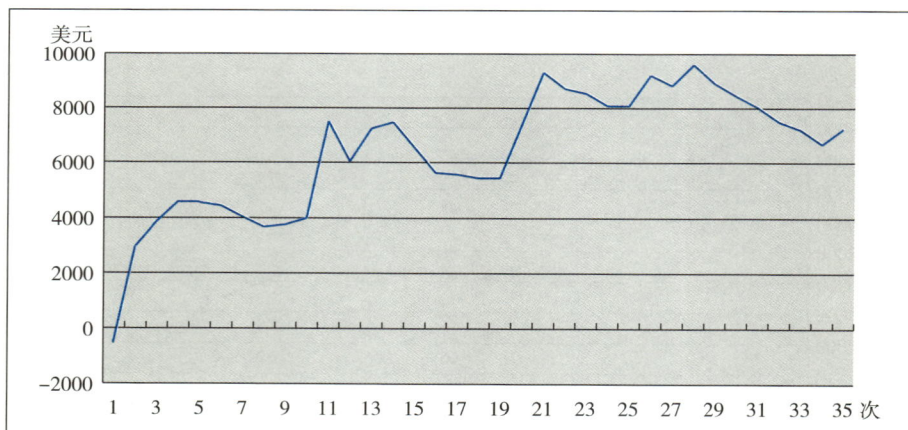

图2-12　2018年盈利曲线图

由【图2-12】可以看出，2018年实现了73%的年收益率，盘整行情发生在9—12月。

【图2-13】是2019年趋势交易法交易系统实现的盈利曲线。

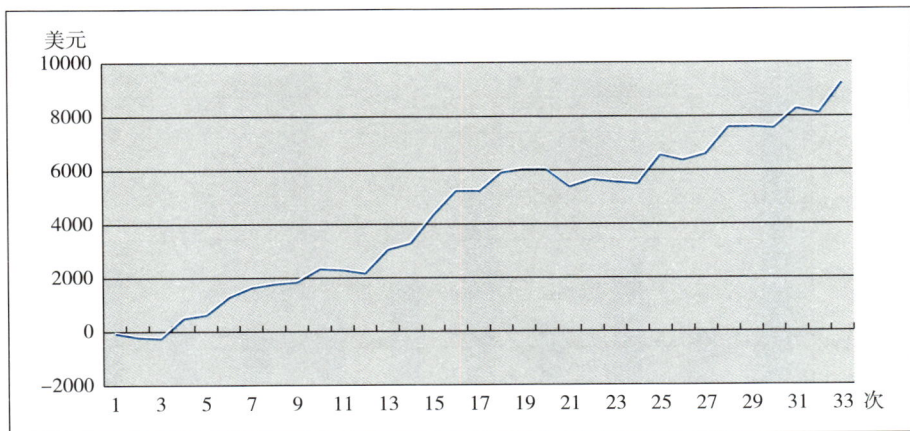

图2-13　2019年盈利曲线图

由【图2-13】可以看出，2019年实现了93%的年收益率，无明显的盘整行情。

【图2-14】是2020年趋势交易法交易系统实现的盈利曲线。

由【图2-14】可以看出，2020年实现了161%的年收益率，盘整行情发生在8—12月。

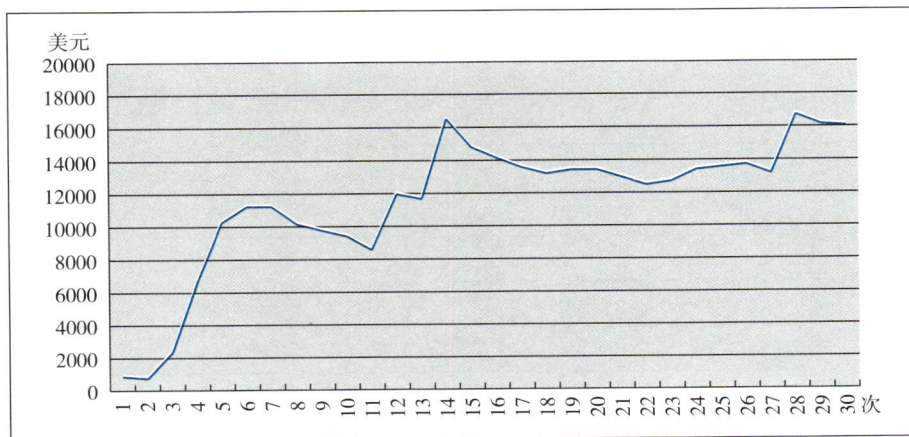

图2-14　2020年盈利曲线图

通过以年为数组得到的数据分析，我们可以得到以下结论：

1.盈利总是好一年，坏一年，如【图2-15】所示。

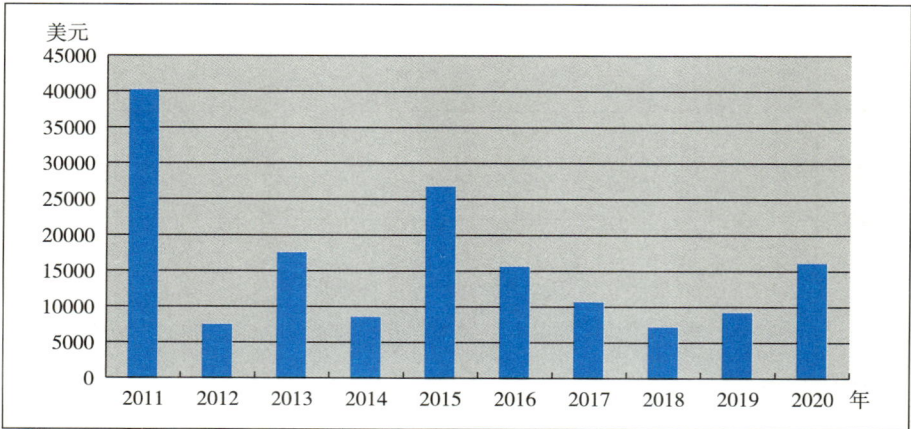

图2-15 2011—2020年每年盈利总额图

2. 每年都有一段上下震荡的盘整行情，通常发生在 9—12 月。

3. 趋势交易法交易系统对趋势行情能够做到游刃有余，震荡行情是本系统的弱点。

2011—2020 年每年交易的准确率，如【图 2-16】所示。

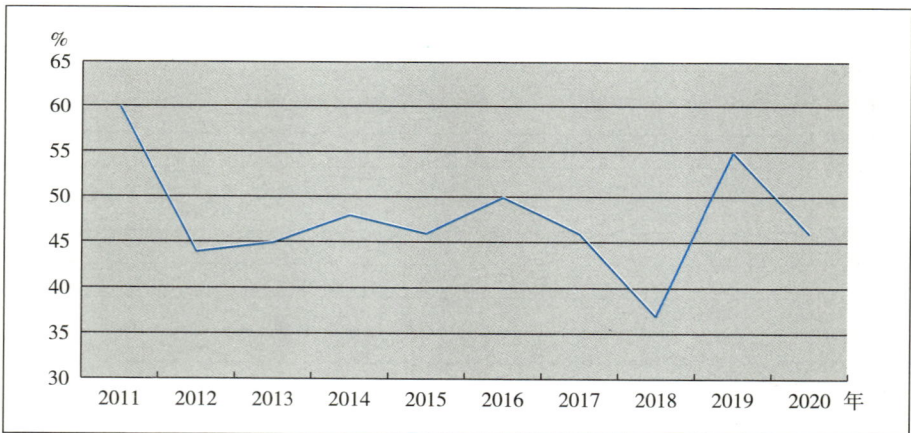

图2-16 2011—2020年每年交易的准确率图

由【图 2-16】可以看出，趋势交易法每年的准确率都不相同，最高的 2011 年达到 60%，最低的 2018 年只有 37%。

即便是只有 37% 的准确率，2018 年也实现了 73% 的年收益率，原因是趋势交易法交易系统完成了 1.8∶1 的盈亏比，实现了亏小赚大。

通过以上数据的分析，趋势交易法交易系统的优点和缺点都非常明显，可以肯定的是趋势交易法交易系统是可以信赖的、能够帮助投资者实现稳定盈利的交易系统。

一套交易系统，是否能够得到你的信任，是你能否执行该交易系统的关键。如果你不相信它，那么你的潜意识中就不会存储有关该系统的一些交易策略，那么在实际交易过程中，你的行为就不会得到潜意识的支持，尽管你对该系统的所有信息都很了解，但是你的潜意识中固有的交易策略信息是你行为的主要指示器，你的任何买卖行为还是会遵从你的个人交易习惯。

一套交易系统是否是一套切实可行的、能够为你带来稳定收益的成功的交易系统，需要经过长时间数据复盘和实盘的检验，你可以委托专业的交易公司替你完成数据可行性分析，他们会为你提供一套非常专业的可行性报告，并为你的交易系统提供很多可行性的建议。

现在通过学习，你是否对交易有了新的认识，是否能摆平心态，按照自己制定的交易系统自律地执行交易计划，而不再关注交易结果，把最终的盈亏真正地交给市场来决定？

如果答案是肯定的，那就证明你已经在走向专业的交易轨道。"不再烦恼、不再焦虑、不再恐惧、没有贪婪"将不再是抽象的概念，你将会真正做到见喜不喜，见忧不忧，如如不动，这就是专业的交易心理状态。

通过本章的阅读能有所提高，是我通过描述想要让你达到的学习目的。

第三章
对亏损交易的态度

要想改变对亏损交易的态度，首先要认识自己，因为，人最难认识的就是自己。

每个人对事物的看法、想法和做法是不同的。

认清自我，你就知道该如何看待交易中的亏损，遇到亏损的交易时你应该如何思考，如何行动。

投资者都在为自己的认知埋单，你所赚的每一分钱，都是你对交易的认知的变现；你所亏的每一分钱，都是因为你对交易错误的认知的惩罚。你永远赚不到超出你对交易认知范围以外的钱，除非你有好的运气，但是靠运气赚到的钱，最后会靠认知亏掉，这是自然法则。

认知决定了一个人的智商。法国社会学家托利德说过："判断一个人的智力是否上乘，就看他脑子里是否能同时容纳两种不同的思想，而无碍于其处世行事。"这被后人称为"托利德定律"。

我们如何判断自己的认知层级，从而确定自己的智商高低呢？

托利德定律把人的认知从低到高分为三个层次。

第一层：一元思维模式。

这是认知的初级阶段，也叫"婴儿模式"。其主要表现就是以我为中心，几乎听不见其他声音，和外界思维无法兼容。

一元思维的处事态度：我认为对的就是对的，其他的都是错的。

第二层：二元思维模式。

二元思维模式属于认知的中级阶段，可以兼容两种不同的观点，包容和自己想法不同的人。其表现就是"我不同意你，但是我尊重你。"

第三层：多元化思维模式。

认知的多元思维模式层级的人，能够兼容外界所有的思想和观点，可以圆融吸收，并随时提炼使用，外界所有信息对他们来讲都是有益的，到达这一层级的人都属于上等认知。

如果想要实现认知的提升，增长智慧，就要去除心中的我执，方可认识自我，并能更好地了解世界万物。

认识亏损的交易，也要从认识自我开始。

你对交易有什么样的观念，就会产生什么样的行为；有什么样的行为，就会形成什么样的习惯；有什么样的习惯，就会塑造什么样的性格；有什么样的性格，就会决定什么样的命运。

如果你想让交易走向专业化，让交易为你完成财富积累，从交易观念的改变开始，没有第二条路可走。

交易的结果包含两个部分，一部分是亏损的交易，另一部分就是盈利的交易。

盈利的交易和亏损的交易是一对矛盾的统一体，二者相互依存，相互作用，缺一不可。

没有盈利的交易，或没有亏损的交易，都不能称为交易。

盈利的交易和亏损的交易就像太极中的阴阳，亏损的交易称为阴，盈利的交易称为阳，如【图 3-1】所示。

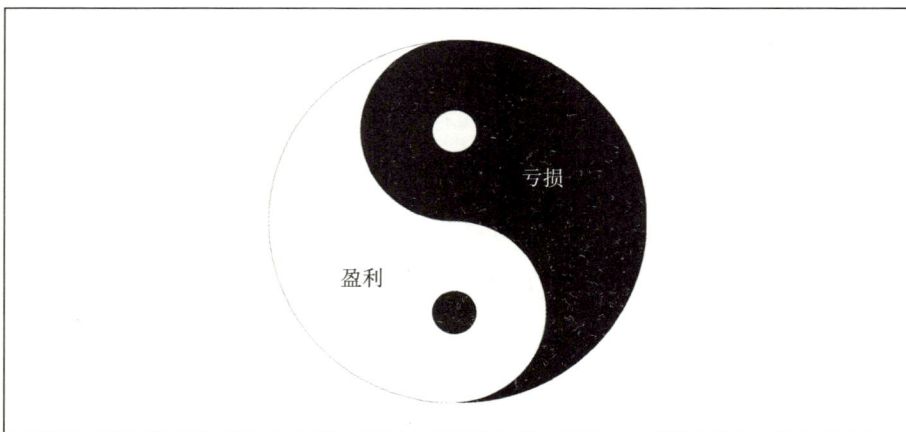

图3-1 太极阴阳鱼

阳极则阴，阴极则阳，阴阳互化，这是万物生存的基本法则。

阳极则阴是指，连续盈利的交易达到极限，就会出现亏损的交易。

阴极则阳是指，连续亏损的交易达到极限，就会出现盈利的交易。

阴阳互化是指，亏损交易完成，盈利交易已经生根；盈利的交易完成，亏损的交易已经生根。

这说明交易的亏损是一个客观存在，不以人的意志为转移，就像磁场一样，不管人们主观承认不承认，它都是客观存在，没有人能够改变这个亏损交易存在的现实。

然而，人具有贪婪的本性，让人们去接受亏损交易的现实是相当困难的。

没有人不喜欢钱财，也没有人愿意失去钱财。

不管你是穷人还是富人，追求财富的动力永无停止，完成一个财富积累的目标，就会产生下一个更高的目标。

没有钱时，你会说："我要能有个 100 万就好了。"等你真正拥有了 100 万元，你立刻就会说："我要有个 1000 万该有多好啊，我可以这样，我可以那样。"等你真正实现了 1000 万元的梦想时，你会说："我要拥有 1 个亿就好了，我就躺平不用奋斗了。"等你真的实现了 1 个亿的财富目标，又有 10 个亿、100 个亿新的目标在等着你。

在交易中人的贪婪本性表现得尤为突出，完成财富积累是人们交易的动力和目标。在完成目标的过程中，人们就会变得吝啬和自私自利，尤其是对亏损交易的态度，表现得尤为愤怒。这是人们正常的反应，因为交易的目的是积累财富，交易的亏损意味着财富的减少，财富的减少意味着失去，失去意味着痛苦。

我说："不管交易的环境如何变化，亏损的交易和盈利的交易都是市场的客观存在，不以人们的意志而转移，你接受盈利交易的同时，也必须接受亏损的交易，亏损的交易时刻伴随着每一位交易者。"

在我的交易生涯初期，也不会接受任何一笔亏损的交易，甚至因为亏损的交易想不开当场晕倒，被 120 紧急送往医院。随着财富的不断积累，对亏损的接受程度就会慢慢地提高。伴随着年龄的增长，世界观的改变，对什么事情都看得云淡风轻，对财富的认识也会有质的改变，随之而来的是对亏损交易态度的彻底转变。

因此，对普通投资者来说，虽然对交易有了正确的认识，但是对于亏损交易态度的转变不会一蹴而就，需要花费相当的时间，还需要你有坚韧不拔的毅力。

慢慢随着交易经验的积累，财富的积累，人生观的改变，对亏损交易的认识或对交易的态度就会在不知不觉中有质的改变。

尽管说得头头是道，亏损的交易是客观存在，但是人们还是会厌恶亏损的交易，还是会有意躲避亏损的交易，将亏损的交易定义为失败，因为人们不愿意失去钱财，不愿意从心里接受这个客观存在。

我建议你从今天开始，用正面的思维去对待交易中亏损的交易，不要有负面的情绪，时间长了，亏损的交易也就会慢慢地被潜意识所接受。

凡事多问应该不应该，少问喜欢不喜欢。出现了亏损的交易，问自己："这亏损是必然事件还是偶然事件?"不要只喜欢盈利的交易而不喜欢亏损的交易。

下面我们通过实例来分析交易中亏损的交易与盈利的交易，首先建立对交易正确的主观意识，以便交易系统的正常运行。

【图 3-2】是 2020 年趋势交易法交易系统欧元兑美元的每笔交易统计图。

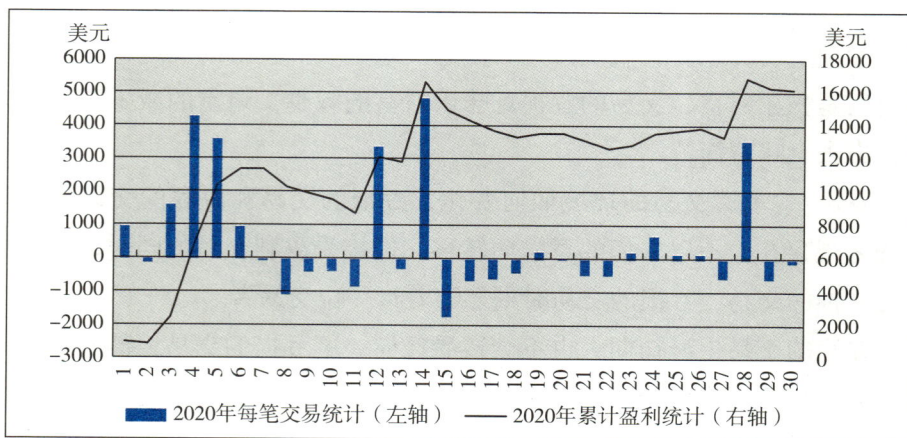

图3-2　2020年欧元兑美元交易统计图

由【图 3-2】可以看出，大多数亏损的交易都锁定在 1000 美元以内，而盈利的最大值可以达到 4850 美元，实现了交易的亏小赚大，这是能够保证盈利曲线缓慢上升的必要条件。

我们可以把以上的交易形象地比作钓鱼活动。所有的亏损就是你购买的鱼饵，是你钓鱼的成本，盈利有大有小，也就是说，钓的鱼有大鱼，也有小鱼。

趋势交易法交易系统的设计思想是捕捉大的趋势，与盘整交易的设计思路完全不同，因此，交易的过程和结果也完全不同。

从【图 3-2】中可以看出，2020 年趋势交易法交易系统总共捕捉到了 5 次大的趋势。只要 100% 执行趋势交易法交易系统，这个结果是一个必然事件。趋势交易法交易系统不会漏掉任何一个趋势，也不会漏掉任何一次亏损（盘整行情）。

我们不能提前确定每次大的趋势什么时间发生，但是以一年为数组，这 5 条"大鱼"就在我们承包的鱼塘中，它们已经属于你，是确定性事件。

以上就是我们对趋势交易法的主观意识。

要想实现我们交易的目标，就必须让我们的主观意识与客观意识相一致，捕捉到全部 5 次大的趋势的前提是，必须百分之百听从趋势交易法交易系统发出的所有指令，不能有任何选择性的交易，也就是说，你不能主观地决定哪笔交易执行，哪笔交易不执行，主观接受所有盈利的交易，那主观也要接受所有亏损的交易。

你必须做这样的心理暗示：在交易过程中，不在意某一次交易的得与失，这都是交易的必然结果，只要我百分之百地执行了交易系统发出的所有信号，以年为数组的统计结果一定是盈利的，出现亏损的概率类似我中了彩票的头奖。

很多人学习完了趋势交易法交易系统，仍然不能实现稳定的盈利，问题恰恰出在执行上，不能够百分之百地按照我所教授的知识去完成他们的交易，他们总是选择性地执行交易，是主观认识出了问题。

不能百分之百去执行我的交易系统，根本的原因出在信念上。在交易过程中，一旦出现亏损，或出现连续亏损，他们就会对交易系统产生怀疑，放弃我的交易系统，改用自己习惯性的交易方法继续交易。

如果他采用自己习惯的交易系统交易后的这笔交易实现了盈利，那他就错误地认为这笔盈利是他的功劳，他会立刻转移到自己独创的交易系统上来。

如果他采用自己习惯的交易系统交易后的这笔交易未能实现盈利，而是出现了亏损，那他又会把重心转移到我的交易系统上来（可能他放弃的那笔交易正好是我的策略盈利的交易），他会在交易系统和"他"之间来回摆动，交易变得无从下手。

一笔交易最后是盈利还是亏损，在未完成交易之前，都是不确定性事件。我形象地比喻为钓鱼，你的鱼饵被吃掉，而你又未能钓到它，让它逃脱了，你将损失你的鱼饵，需要重新装上新的鱼饵。

交易也是一门生意。做任何行业都要有成本，没有不需要本钱的生意，否则，社会就失去了前进的动力。亏损的交易就是你做交易这个行业的成本，否则，没有亏损，都是盈利的交易，这个市场就没有生存的基础。

因此，从今天开始，在你的内心潜意识中，你要为亏损的交易正名。不能把亏损的交易另眼相待，有亲有疏。这样你就具备了长期稳定获利的可能性，市场才会真正成为你的提款机，资金就会轻松地源源不断地流入你的交易账户。

在交易过程中，如果我们不能正确面对亏损的交易，那么我们的整个交易过程将被想赢怕输的不健康心态所控制，就会出现恐惧、忧虑、贪婪、喜悦、兴奋、失望、痛苦、愤怒、报复心等情绪。

治疗以上心理疾病的良药，就是让自己的交易遵从交易系统发出的所有指令，尊重客观，减少主观。

如果我们赋予交易系统以生命，那么，它就是我们心目中的那个"成功者"，是真正可以克服交易中的恐惧、客观面对盈利和亏损的交易之"神"。你是"神"的助手，你的工作就是执行。

【图3-3】是2020年趋势交易法交易系统欧元兑美元的交易准确率。

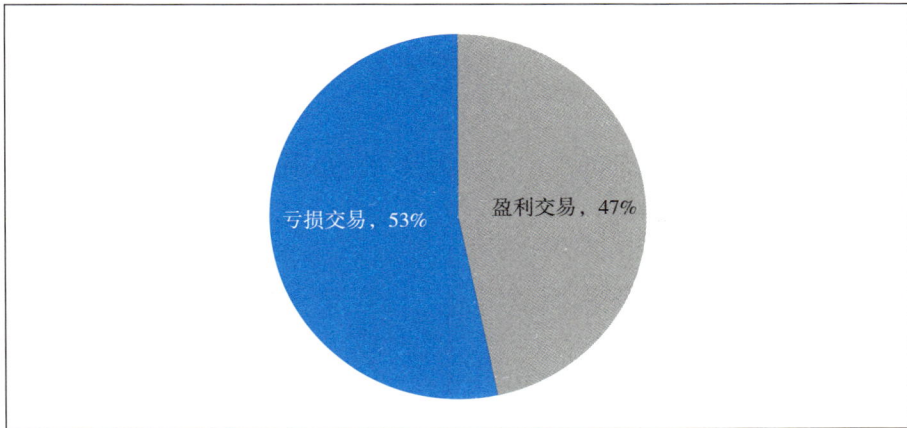

图3-3　2020年欧元兑美元交易准确率图

由【图 3-3】可以看出，2020 年全年的交易准确率为 47%。为什么只有 47% 的准确率，仍然可以实现 161% 的年收益率？

因为交易实现的盈亏比大，2020 年的平均盈亏比为 4∶1，这就是确保一年下来交易一定能够实现盈利的根本保障，也是交易能够确保长期实现稳定盈利的秘诀。

47% 的准确率，趋势交易法交易系统仍然能够实现稳定的上升盈利曲线，如果我们真的能够实现 100% 的准确率，那是多么可怕的事情，所有的财富都得归你，世界都是你的，这是不可能的事情。所以，你必须接受亏损交易这一客观存在。

有了趋势交易法交易系统作保障，又改变了对亏损交易的认识，我们就可以以一个崭新的自我来进行交易了。

你现在就要开始"重新做人"。

1. 学会忘记。交易出现亏损，没有人会不痛苦，要像鱼的记忆一样，争取 7 秒忘记所有的不快。男同志可以出去踢踢球，打打太极；女同志可以去商场给自己买个包包。这叫精神转移法。

2. 自我修心。交易就是一个修心的过程，也就是修正自己对亏损交易的态度。我们不能改变外界这个交易的环境，但是我们很容易调整自己的心境。

交易是什么呢？交易就是去做我们不想做而又必须要去做的事情，这个艰难的工作是你自己选择的，不要怨天尤人，你想通了这点，就可以从亏损的痛苦中解脱出来。

让交易能做到内心如如不动，不随境转，是很困难的，但是它是每一位交易者追求的最终目标。

第四章

交易心理复盘

市场上有关交易心理学方面的书很多，但是很少有结合实盘交易讲述人们心理变化过程的书。过多抽象概念的交易心理学，对于非心理学专业的普通投资者理解起来是相当的困难。

我想采用一种新的形式，用白话文的形式，来讲述交易过程中人们的各种心理反应。这些心理变化过程是每一位投资者都经历过的正常的心理反应。

下面我们结合复盘，来系统讲述交易整个过程中人们的各种心理变化，以及产生这些心理变化的根本原因。

我们选择 2020 年欧元兑美元全年交易数据作为讲解实例，其他任何交易产品都可以套用。

【图 4-1】是欧元兑美元小时走势图。

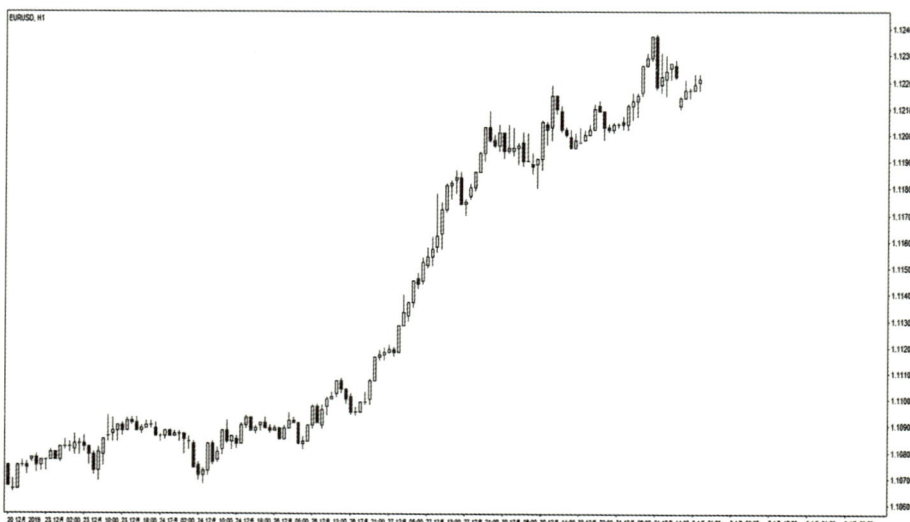

图4-1 欧元兑美元小时走势图

看到【图 4-1】的走势图，准备首次入场时，人们总是不知所措，认为错过了在最低点买入的机会，造成现在无法入场的错觉。

不管我给你一张什么样的图，你总是可以找到一个上升趋势（或下降趋势）的最低点（或最高点），总有错过了入场机会的感觉。

首次入场时，由于长时间不在场内，没有头寸，此时是没有方向感的，因为你的注意力不能像持有头寸一样，时时刻刻在关注着行情走势的变化，也就无法亲身感受到市场行情的"脉搏"，无法与市场同步。因此，首次入场成功的概率比较低，也就是首次入场时，止损出局的概率比较大。

我们通过之前的数据分析知道，趋势交易法交易系统平均每年的交易次数在 35 次左右，准确率约为 48%。如果你没有交易系统的约束，完全凭感觉入市，那么首次入场的准确率要远远低于 48%。

如果没有自己的交易系统，首次入场时都会感觉到恐惧，尤其是上一笔交易是因为亏损而出局的，那恐惧感就会更强。在这样的环境下，人们会习惯地寻找不入场的理由，保持空仓原有的身心状态，这是一个潜意识接受的平衡状态，它不想打破，就只能寻找各种看似合理的不入场的理由。

在【图 4-1】中，即便目前的上升已经结束，你也不敢首次交易就在这个高点卖出，只有当价格下跌之后，确认了现在的高点就是最顶部，你才敢在最高点卖出。你感觉总是走在市场的后边，为什么？

原因是你对亏损交易的恐惧造成的，心里如果没有接受亏损的交易，就会造成这些不健康的心理变化。

一旦你入场买入或卖出后，方向感就会立刻回来，行情走势就瞬间清晰了，你能立刻感觉到这笔交易可能方向出了问题，也可能立刻感觉到这笔交易方向对了。

首次交易，我会依赖趋势交易法交易系统，需要它给出明确的交易信号，才会执行买入或卖出的交易计划，除非出现明确的 ABCDE 调整浪，并确认进入调整浪 E，才会提前主动入市，因为在 E 点入市的成功率比较高。

【图 4-1】中有一个大于 39 的区间跨度，根据趋势交易法交易系统的交易流程，需要绘制上升趋势拐点线，如【图 4-2】所示。

图4-2 欧元兑美元小时走势图

看到【图 4-2】中的上升趋势拐点线，上升趋势在潜意识中得到进一步确认，立刻就会产生买入交易计划的交易冲动。如果没有交易原则，不分青红皂白就跳入市场执行买入计划，即便看对了方向，那失败的概率也比较高。

交易最重要的是要学会等待，确定了方向后，你的注意力就要放在调整浪的结构判断上，问自己：

1. 现在是什么结构的调整浪？

2. 简单、ABC、三角形还是 ABCDE ？

3. 现在运行至 ABC 或 ABCDE 的哪个阶段？

如果你能得到明确调整浪 E 的答案，你就应该能够知道什么时间、什么价位入市交易。

【图 4-3】是之后的走势图。

图4-3 欧元兑美元小时走势图

由【图 4-3】可以看出，价格到达拐点附近，此时是否是买入机会？

你必须像我之前说的一样，得到明确的答案，才可以入场交易。目前看到的图形是 ABC 调整浪，AC 都是 5 浪结构，加上之前的跳空，需要耐心等待 DE 的出现。

系统没有给出买入的交易信号，因为没有出现真正的启明星反转形态，我们就必须耐心等待。所以，等待也是交易的一门艺术，什么时间需要等、什么时间不需要等、等多长时间等，都是显示你对市场的把控能力。

到达拐点附近，你会出现焦虑的情绪，急于进场，为什么？

因为空仓的痛苦要远远大于持有亏损头寸的痛苦，人们最怕的是失去交易的机会。即便持有亏损的头寸，感觉至少我在市场中，一旦行情上涨，就不会错过赚钱的机会，因此，会比空仓观望失去机会的痛苦要小。

你要记住，不管采取什么分析工具，对于每一次独立的个体交易，交易的成功与失败的概率趋于一致，各占 50%。即便是价格到达拐点处，行情恢复上升的概率是 70%，在拐点处执行的买入计划的交易结果仍然是两个，不是盈利就是亏损。

如果没有交易系统的指引，凭感觉提前进场，那就违背了自己制定的交易原则。一旦行情下跌，突破上升趋势的拐点线，就将处于非常被动的境地。

因此，即便是价格到达拐点附近，也必须出现明确的反转信号才能入场，不分青红皂白，盲目入市，或凭感觉入市，是交易者的大忌。

交易成功的秘诀就是坚韧与等待。一个能坚持等待机会的人，永远有赚钱的机会；一个不善于等待机会的人，将永远失去交易的最佳时机。买卖机会的来临是自然的，不是你强求来的，机会来了，你就配合市场果断入场，而不是你提前入市了，让市场来配合你实现赚钱的愿望。

【图 4-4】是之后的走势图。

图4-4　欧元兑美元小时走势图

由【图 4-4】可以看出，价格已经突破了上升趋势的拐点线，我们为什么不能立刻执行卖出的交易计划？

之前说过，任何一笔交易，都是一个独立事件，即便是跌破上升趋势线，市场下跌的概率大于 70%，你也不能百分之百确定这次卖出一定能够实现盈利。

看对了方向后，交易入场的位置比什么都重要。

在过去的传统战争中，占领重要的军事高地是重中之重。在高处，视野宽阔，容易看清敌人的动向，可以有针对性地布置战术。高地是兵家必争之地，是一种战术，占领高地的一方拥有战争主动权。

交易也是一样，调整浪结束的位置就是趋势交易法交易系统的所谓的"高地"。如果不等到调整浪结束就匆匆入市，因为人们忍受亏损的时间和空间是有限的，即便是你看对了方向，也会被市场振荡出局。

如果你比较富有，忍受亏损的极限程度就会高一点，被振荡出局的概率要低一些；相反，如果你财力有限，忍受亏损的极限就会比较低，被市场振荡出局的概率就比较高。

趋势交易法交易系统启动反转判断，并启动黄金比率线62%作为转向判断或顺势交易入场点的判断工具，如【图4-5】所示。

图4-5　欧元兑美元小时走势图

此时，我们需要耐心等待卖出信号的出现。这个等待的过程也是比较痛苦的过程，原因是看对了方向，最佳的卖出高点已经错过去。这就是一种心理错觉，在高点的时候人们是不能确定出顶部的，也不敢在高点卖出。只有下跌出现，才能确认顶部，所以高点你永远是后知后觉。

这是随机交易者必须调整的不健康交易心态。永远不要想着把卖出的头寸放在最高点，也不要想着把买入的头寸放在最低点。因为这是逆势交易的思维习惯，对于盘整行情，可能有效，但是对于趋势行情，这样的想法要不得。

寻找最低点，或寻找最高点的过程，就像是"瞎子摸象"，猜错的次数，就是你交易的成本。猜错的次数越高，你的交易成本就越高。

为什么我们反对逆势交易的思维模式？因为我的交易思想是顺势交易，捕捉大的趋势，而不是波段交易思维模式。在下跌时买入和上涨时卖出，与趋势交易法交易思想相冲突，截断了趋势交易法交易系统获得大的趋势盈利的可能性。

【图4-6】是之后的走势图。

图4-6　欧元兑美元小时走势图

由【图4-6】可以看出，形成了启明星，趋势交易法交易系统给出了转向位置——被动卖出位置，价格突破并收市于启明星最低点之下，执行卖出交易计划。

【图4-7】是之后的走势图。

图4-7　欧元兑美元小时走势图

由【图4-7】可以看出，价格已经突破转向位置，根据趋势交易法交易系统的交易策略，此时应该执行卖出的交易计划。

价格自最高点下跌已经有了一定的空间，此时卖出止损的空间比较大，你是否有勇气和胆量在这个价位执行卖出的交易计划？

我想很多人没有这个胆量。如果没有交易系统指引，我也不敢在这个视觉的低点卖出。

如果我相信自己的交易系统，相信我的"伙伴"能够为我实现长期的稳定盈利，此时我就会执行卖出的交易计划；如果我不相信我的交易系统，我就不会，也不敢在这个视觉的低点卖出。

不敢在低点卖出，不敢在高点买入，是人们恐高或恐低的交易心理在作怪。与卖出交易计划相反，很多普通投资者会习惯地采取逆势买入交易计划，认为买入比卖出更舒服，心里会更踏实，这是一种逆势交易的习惯反应。

【图4-8】是之后的走势图。

图4-8 欧元兑美元小时走势图

由【图 4-8】可以看出，执行了卖出订单之后，出现了一根大的阳线，而且价格已经全部吃掉之前的阴线。这根阳线大概率是反转 K 线，那么我们是及时止损，执行买入订单，还是坚守交易系统，继续守住空头头寸？

这时体现的就是交易者的自律精神。如果你是一个自律的交易者，就会一切听从交易系统的指挥；如果你是一个放纵自我的交易者，就会产生无数的想法，交易是以你为主，交易系统只是你的一个摆设，是给别人看的，因为你通过大量的阅读，知道成功者都有自己的交易系统，你也设计了一个你自己的交易系统，摆放在那里。

大多数交易者忍受不了这根大的阳线的冲击，交易自律和遵守规则已经不是他们考虑的内容了，满脑子都是未来将上涨，尤其是看到账户里的订单已经处于亏损状态，那就更是像热锅上的"蚂蚁"，尽快平掉已有的空头头寸将是他们的首选。

冲动是魔鬼，体现的就是这一时刻。此时，你应该保持清醒的头脑，不要忘记交易系统才是真正的交易大师，你必须遵从大师的指令，相信趋势交易法交易系统的交易策略。

请你记住：你是聪明一时，交易系统是聪明一世。

【图4-9】是之后的走势图。

图4-9 欧元兑美元小时走势图

由【图4-9】可以看出，价格再次突破之前大的阳线的低点，如果你手欠，你将被动再次止损卖出，两次止损，还没有启动，你就要损失60点。60点是什么概念呢？也就是一个中小级别的上升趋势或下降趋势的利润空间，所以来回转向的成本是巨大的。

因此，任何时刻都要保持镇定，不管发生了什么，内心如如不动，听从交易系统的指挥，才是交易的成功之道。

【图4-10】是之后的走势图。

由【图4-10】可以看出，价格已经远离入场点，而且已经有了盈利。

此时，普通投资者最容易犯的错误就是想落袋为安，选择平仓出局。

在赚钱时，最容易无组织无纪律。平仓后，一旦加速下跌，他们将被迫追市卖出，这样的结果大概率你的卖出订单将被搁置在最低点。

在行情进入调整浪时，你被套在最低点的卖出订单不会有平仓的机会。事不过三，经过2~3次的振荡，你就被惊吓出局了，一旦你平仓出局，市场就会再次加速下跌，引诱你再次追市卖出，形成恶性循环，左右被扇耳光。

图4-10　欧元兑美元小时走势图

最正确的做法，就是听从自己的交易系统的指令，不被外界的各种因素所打扰。

【图4-11】是之后的走势图。

图4-11　欧元兑美元小时走势图

【图4-11】中出现了补缺影线，为主动转向条件。此时你有两个选择，一是坚持跟从交易系统的指令；二是执行主动转向，逆势买入。前一种选择适合没有经验的投资者，后一种选择适合经验丰富的投资者。

实施主动转向逆势买入时，必须知道在什么时间、什么价位退出逆势交易的头寸，及时转向顺势卖出，不然的话，就会破坏交易系统的正常运行，因为你截断了交易系统赚大钱的可能性。

如果没有逆势交易的各种技能，不要轻易主观逆势交易。

【图4-11】中出现的补缺影线，主动转向条件发生在之前上升趋势的62%附近，那么这个逆势主动转向的成功率就会高一些。由于本书主要讲述交易心理状态，主动转向不在本书中讨论。

【图4-12】是之后的走势图。

图4-12 欧元兑美元小时走势图

由【图4-12】可以看出，价格已经回到卖出订单的入场价位。

很多投资者不能接受这样的震荡，原因是煮熟了的"鸭子"又飞了，之前的获利全部回吐了回去。

普通投资者的眼睛离不开持有头寸盈亏的变化，行为和意识被头寸盈亏的变化所左右，过分关注头寸的盈亏变化，交易就很容易失去自我，交易系统就会从意识中消失，交易的主控权慢慢地已经易主，你成了交易的主宰者，交易系统退居次席。

正确的心态是，不管持有头寸的浮动利润有多大，在系统未发出转向信号之前，也就是在未平仓之前，都是不确定性事件。浮动的利润不一定属于你，只是暂时放在你那里；同样，不管头寸的浮动亏损有多大，在我未平仓之前，也是不确定性事件，浮动亏损，也只是暂时放在市场那里，平仓后，才能决定最后的胜负。

赌场也是一样，赌场最不怕的就是你赢钱。你会经常听到有人说：昨天晚上在 ×× 赌场赚了 100 万元。但是很快你就听不到他的后续了，为什么？

因为，赌场统计过，赚了大钱的人不再来赌场的概率接近于零。他赚的赌场的钱只是暂时放在他那里，终归是要还回来的，除非他不再来赌场，他就成了赢家。不再来赌场了，也就是他宣布"平仓"了，这 100 万元就是属于他的盈利。

大多数投资者不这样想。价格回到了入场价位，此时会产生懊恼情绪，后悔当时为什么不在最低点平仓，再在最低点买入。这是一个不健康的交易心理状态，为什么？

首先，我要问你什么是低点？在最后 4 根阳线之前，也就是最后一根阴线时，你能确定那根阴线就是低点吗？不能。行情走出来了，有了后边的 4 根阳线，我们自然可以很容易地找到那个你认为的最低点。

如果你产生懊恼、后悔和自责，一旦养成这样的坏习惯，你就变成了我经常说的"事后诸葛亮"。你的交易将进入无纪律状态，慢慢地就失去了自我，此时你已经不认识你自己了，你会经常做出一些愚蠢的交易，每次交易结束后，你都懊悔无比。

交易就是要想尽办法控制负面的情绪。负面情绪的持续时间越长，你失去理智，冲动交易的概率就越高。

【图 4-13】是之后的走势图。

图4-13　欧元兑美元小时走势图

由【图4-13】可以看出，价格已经远离入场价格，持有的头寸已经处于亏损状态，你此时是相信交易系统，还是相信你自己？

我想，很多投资者会进入紧张和恐惧状态，他们为什么会恐惧？因为担心价格会继续上涨，亏损会越来越大，此时想赢怕输的心理状态表现得尤为突出，冲动的交易往往会在此时发生。

我会相信我的交易系统，因为我知道它会让我的亏损锁定在平均50点以内，让我亏损超过100点是小概率事件，亏损超出200点的概率更低，超出300点是我的心理忍受极限，因为所有大的盈利的平均值在300点，那这次如果真的是上升趋势不回头，我的损失超出300点也是小概率事件。

以上的数据分析，给了我一颗定心丸。我会静静地等待趋势交易法交易系统发出买入信号后，再决定止损转向。交易系统没有发出买入信号，我就坚定地持有空头头寸，与趋势交易法交易系统坚定地站在一起，也就是与我自己站在一起，因为交易系统是我交易行为的习惯反应。

我能坚持看空，内心做到如如不动，不随境转，是因为有技术分析的支持和帮助。之前的下跌是5浪结构，而非3浪结构，这是明确的下跌趋势，通过推理可以确定目前的上升为 ABC 调整浪是大概率。

有了这样客观的技术分析，就可以让自己的内心平静下来，所以讲述交易心理，必须与实际交易联系起来，不能空谈理论。

不同的位置、不同的走势和不同的趋势结构，产生的心理变化是不同的。不能脱离了交易谈心理，那是空谈抽象的理论，脱离实际的形而上学。

人们常说"交易你要有自律"，这很抽象。我怎么自律？我为什么要自律？在什么情况下需要自律？必须与实际的交易相结合。

人们还常说"截断亏损，让利润奔跑。"我怎么去截断亏损？我怎么才能让利润奔跑呢？

不从实际出发，说这些抽象的概念对你没有什么实质的帮助。你会说："我都不知道从哪截断，我怎么截断亏损；我想让利润奔跑，它没有腿跑得起来吗？"

交易是实实在在的盈亏循环过程，没有人愿意亏损，也没有人不愿意让利润奔跑，关键还是要知道如何操作才可以截断亏损，如何操作才可以让交易利润最大化。

【图 4-14】是之后的走势图。

由【图 4-14】可以看出，趋势交易法交易系统已经发出了被动转向信号，也就是止损位置。现在需要做的就是，等待价格突破止损位置，及时转向，否则，继续持有空头头寸。

进入这个阶段时，我通常会启动波浪理论的分析，找出市场走势的主浪和调整浪，如果确认的主浪的方向与趋势交易法交易系统的交易方向一致，就坚定地持有空头头寸。

图4-14　欧元兑美元小时走势图

有关波浪理论的内容，请参阅官网（http://www.qsjyf.com）发布的免费学习资料。

【图 4-15】是之后的走势图。

图4-15　欧元兑美元小时走势图

由【图 4-15】可以看出，价格回到了入场价位。很多普通投资者会在此时平仓，退出持有的空头头寸，为什么？

因为，他们经历了从赚钱到亏钱，像过山车一样的交易过程，心理承受不了一会儿天上、一会儿地下的价格巨幅波动，尤其是小资金交易账户的投资者，跑得比谁都快，跑出来了，就会感觉到舒服了，有一种成功逃脱的成就感。

价格从赚钱的位置回到入场点，他们会忍受、观察，不会轻易退出；价格从亏损回到入场点，他们不会再忍受观察价格的变化，跑出来，减少痛苦是他们的唯一选择。

这实际上就是他们的内心潜意识中"想赢怕亏"的真实心理映射。此时，遵从交易系统、冷静分析等心理意识，会被"退出来少亏或不亏"的负能量所左右。

但是，当他们真正退出交易头寸空仓时，他们会发现空仓时比原来持有空头头寸时更痛苦。因为，人们现实生活中最在意的就是存在感，每个人为什么都那么争强好胜？因为，他们要证明自己的存在，努力展现自己优秀的一面，没有人愿意听到别人说自己不好的话，那是对他的否定。

空仓时，行情的任何波动已经与他无关了。当价格上升时，他会说："我刚才应该在低点买入。"当价格下跌时，他会说："我刚才应该在高点卖出。"

空仓时，一旦行情与你之前的判断方向一致时，没有你参与的行情出现了疯狂上涨或疯狂下跌时，市场疯了，你也疯了。

如何避免让自己变成疯子，唯一的方法就是听从交易系统的指挥。

趋势交易法交易系统的运行，会一直保持头寸在市场中。不是持有空头，就是持有多头，这是我多年的交易习惯，我也不愿意忍受空仓带来的焦虑、烦躁、自责和痛苦。

也许有人不赞同，他们喜欢等行情看清楚了再入场，那么，什么时候你能把行情看清楚了？答案只有一个，那就是等行情走完了，你看市场比谁都清楚。行情走完了，怎么说都有道理。

【图 4-16】是之后的走势图。

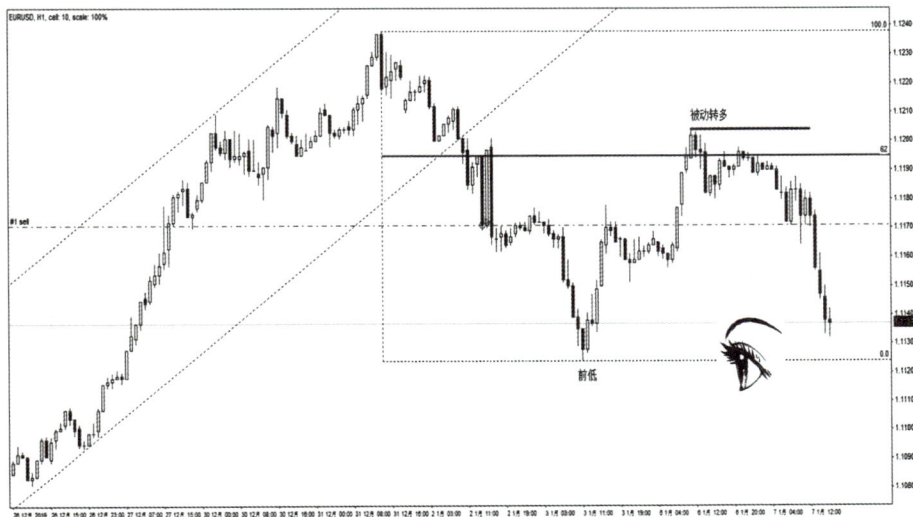

图4-16　欧元兑美元小时走势图

由【图4-16】可以看出，价格已经下跌到之前的低点附近，此时人们会有什么心理反应呢？

大多数人的注意力会转移到前低上，为什么？

因为他们的潜意识里有双底形成反转的图形，或者准确地说，他们经历过这样的逆势交易，所以会特别看重这个之前的低点，此时他们的内心就会产生恐惧感，担心形成双底反转，已有的利润又会变成亏损。

有了双底的潜意识，平仓盈利头寸的冲动就会涌上心头，他们会果断地把盈利的头寸平仓，并逆势买入新的头寸。

这是一种错误的交易思维模式，价格到达之前的低点（或高点）形成双底（或双顶）反转的概率与继续下跌（或继续上涨）的概率没有什么区别，各占50%。

通过下降趋势的定义，就不难理解这种思维为什么是错误的。

下降趋势是由一系列的跌势构成，每一段的跌势的低点都穿越先前的低点，形成低点与调整浪高点不断压低的一系列价格走势。如果每次到达之前的低点，行情都会反转，那么下降趋势也就不存在了。

如果每次达到之前的低点或高点都要退出已有的头寸，那你如何抓住市场每年都会有 5~8 次大的趋势行情？养成在之前的低点或高点逆势交易的习惯，你不但抓不到主要趋势，有可能把"命"搭上——爆仓。

现实教育我们，不要介意某一次交易的得与失，亏了就送给市场，赚了就平静地收下。我们交易的目标是捕捉每年都会有的"大鱼"。我们不知道这次交易是大鱼还是小鱼，也不会去主观臆测。

每一次亏损的交易只是捕捉"大鱼"的诱饵，市场吃与不吃，不是由我来决定，我只会静静地站在入场的位置上，静观买家与卖家的一场又一场战役。

【图 4-17】是之后的走势图。

图4-17　欧元兑美元小时走势图

由【图 4-17】可以看出，价格又回到入场点附近。

具有双底潜意识的投资者，此时就会显得慌乱，不知道该如何操作了。退出市场，感觉到晚了；不退出，怕价格上涨，又经历一次由盈利到亏损的过山车行情。大多数普通投资者的选择是平仓买入，是想赢怕输的心态在作怪。

【图 4-18】是之后的走势图。

图4-18　欧元兑美元小时走势图

由【图 4-18】可以看出，价格又到达了之前的低点。

如果你潜意识中双底的概念不消除，那你还是会有在这个时间点买入的冲动。

现在请您静静地想一想，从我们入场做空后，会有多少种想法，那么这些想法与我们的交易系统有关系吗？

趋势交易法交易系统不是人，它只有交易策略，没有思想。这些想法都是交易的人的想法，与交易系统没有任何关系。趋势交易法交易系统不知道痛苦、恐惧、喜悦和愤怒，它就像一个无怨无悔的灵魂工程师，不知疲倦地为我们捕捉每一个交易信号，不会放过任何一个买卖的机会。

我们每走到一个时间价格区域，总会有这样或那样的想法，把交易变成了主观的随机行为。这是很多普通投资者需要改变的，也是必须要下大力气改变的。否则，想成为持续稳定盈利的投资者就是异想天开，不切现实的妄想。

【图 4-19】是之后的走势图。

由【图 4-19】可以看出，价格突破了之前的低点，形成了下降趋势。有了第一个交易区间 Qjt=69，趋势交易法交易系统要求我们绘制出图中的下降趋势拐点线。

图4-19　欧元兑美元小时走势图

趋势交易法交易系统要求在没有突破下降趋势拐点线之前，不做任何操作。从现在开始，你就要学会遵从交易系统的指令，而不是听从你的指挥。

【图4-20】是之后的走势图。

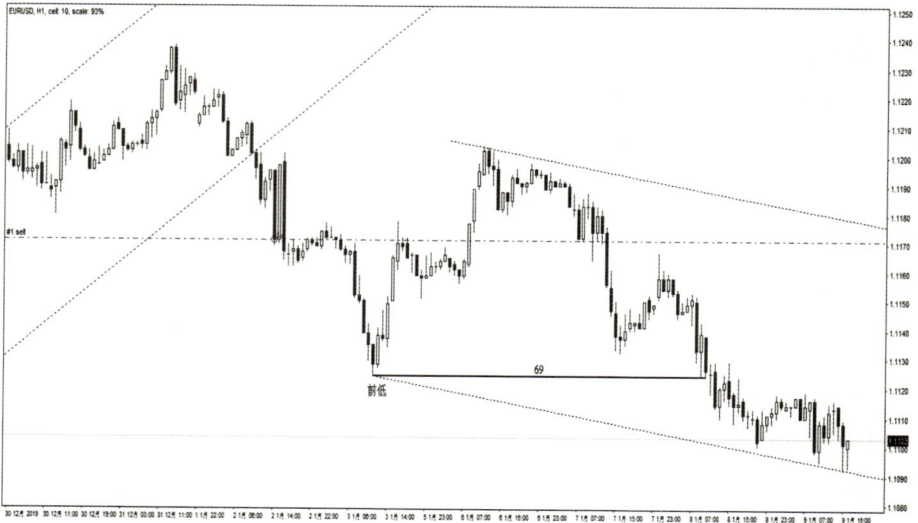

图4-20　欧元兑美元小时走势图

由【图4-20】可以看出，持有的空单扣除隔夜利息，有548美元的浮动利润，你是否有平仓的冲动？

答案是，不管你是成功者还是失败者，是人都会有这样的想法啊，除非你太富有，这点钱对你没有产生任何情绪变化，500美元掉在地上你都懒得捡起来放进钱包。

此时，我们还是要遵守纪律，听从趋势交易法交易系统的指挥，因为这是能够保障我们捕捉到"大鱼"，实现年年稳定盈利的法宝。

如果不听从趋势交易法交易系统的指挥，你会找出无数的市场解析，来证明你的行为是正确的。这些理由看似非常有道理，但是不知不觉你就改变了出牌规则，造成前后出牌的不一致性。也许运气好，你赚到了，但是以年为数组，你最后亏损是大概率事件。

遵从交易系统，就是遵从交易之道，交易系统就是我们所说的法，道法自然，违背交易系统，就是破坏自然法则。

【图4-21】是之后的走势图。

图4-21 欧元兑美元小时走势图

由【图4-21】可以看出，行情在底部形成了主动转向条件（补缺影线），有经验的投资者可以采取逆势交易的交易策略，平仓逆势买入，但是你一定要对逆势交易的逃脱技能了如指掌。

没有能力掌控逆势交易，你就老老实实地按照趋势交易法交易系统发出的指令去交易。很多人认为自己比交易系统更聪明，交易更灵活，可是等交易结束了，你才发现你自己才是交易的"傻子"，交易系统才是真正具有大智慧的"人"。

【图 4-22】是之后的走势图。

图4-22　欧元兑美元小时走势图

由【图 4-22】可以看出，价格已经突破下降趋势拐点线。

你同样会产生懊恼情绪，后悔没有在当时的低点买入，这是逆势交易产生的正常心理反应。

价格突破了下降趋势拐点线，同样会产生买入的冲动。一旦有冲动的想法，就要提醒自己："遵从交易系统的指挥，不要自作聪明。"

根据趋势交易法交易系统交易规则，此时我们需要绘制上升趋势拐点线，如【图 4-23】所示。

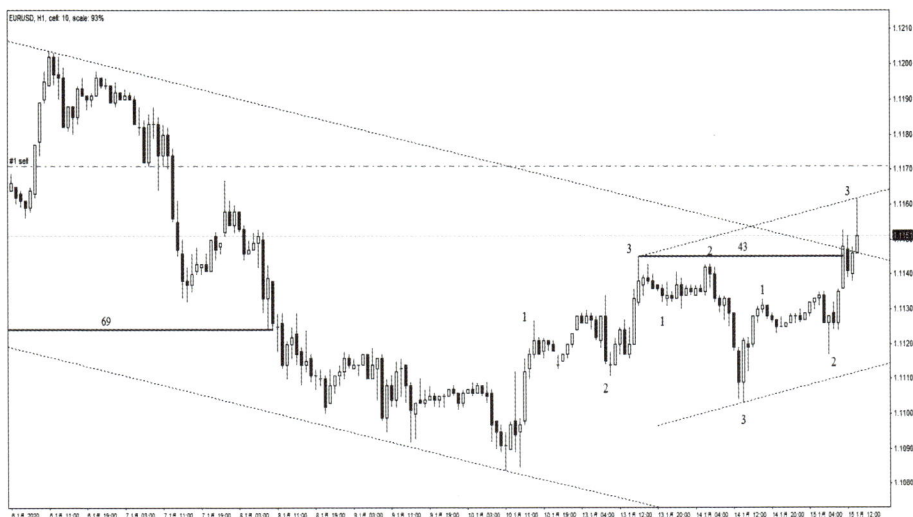

图4-23　欧元兑美元小时走势图

由【图4-23】可以看出，价格回升至入场价位。此时，你是否会对趋势交易法交易系统产生怀疑？

答案是一定会。

因为你希望趋势交易法交易系统能够帮你在之前的最低点买入，这是大多数人的正常想法。但是，趋势交易法交易系统的设计思想完成不了这样的想法，它追逐的目标是持续时间长的大级别的行情走势，所以它不可能为你在最低点提供买入信号，同样也不会为你在最高点提供卖出信号。

我们交易的重心在每一笔交易，而趋势交易法交易系统的重心是一个大的数组的所有交易。请记住：我们是"傻子"，交易系统是"智者"。行情走过去后，就不要寻找各种理由，来证明什么结果，这些理由对已经发生的交易无济于事。

虽然启动了上升趋势拐点线，行情转为上升趋势，但是趋势交易法交易系统并没有发出买入的交易指令，那么你唯一要做的就是等待交易信号的发出，不可贸然行动。

行情走到这个时间点，我还是会用我的习惯去分析浪的形态。通过分析，我们没有发现整个上升过程中有任何主浪特征的走势，任何上升都是 3 浪结构，所以这个上升大概率是调整浪。

数浪的好处是，可以让我们的潜意识坚定地相信趋势交易法交易系统发出的买卖信号是正确的，让自己紧张的情绪放松下来，避免出现持仓信心的松动。

【图 4-24】是之后的走势图。

图4-24　欧元兑美元小时走势图

由【图 4-24】可以看出，趋势交易法交易系统给出了转向位置，正好在我们的入场点位置。此时，你是否有被市场玩了一圈的感觉？

如果你把交易看成是概率和统计学的数字游戏，那么这种感觉就不会太强烈；如果你把交易看成是你发财的工具，这种感觉就会非常强烈。此时你怀疑交易系统可行性的负能量就会快速上升，最终将彻底摧毁你对交易系统的信念，交易很快就会回到你习惯的交易方式——逆势随机交易。

【图 4-25】是之后的走势图。

图4-25　欧元兑美元小时走势图

由【图4-25】可以看出，价格回到了拐点线附近，我们仍然需要等待趋势交易法交易系统发出买入信号，然后执行买入计划，而不是盲目入场。

如果你能有一点波浪理论的知识，你就可以看出之前的下跌是主跌浪。因为是隐形五浪，那么未来出现大的五浪结构的下降趋势就是大概率。有波浪理论数据的支撑，可以让我们的心情处于放松状态，而不是担心价格再次上升到入场点，焦虑不安。

我们为什么会恐惧？因为不知道未来的结果是什么。

如果你知道河的深度只有20厘米，即便你看不清河底，你也不会有太大的恐惧感蹚过小河，因为它不会对你的生命构成威胁。相反，如果你不知道河的深度，第一只脚踏入河里时的恐惧感还是巨大的。

所以，有人说"成功的交易三分靠技术，七分靠心理。"这话没有错，但条件是，你已经对技术分析的各种方法了如指掌。如果没有技术做保障，那么交易心理是空谈。

技术分析和交易心理是矛盾的统一体。技术分析可以让你拥有一个好的交易心态，健康的交易心态反过来又会有利于技术分析的充分发挥。

【图4-26】是之后的走势图。

图4-26　欧元兑美元小时走势图

我想大多数投资者此时不会再等待交易系统发出信号，而是选择平仓获利了结，然后执行买入计划，因为他们不想把持有的空单的利润再还回市场。

但是根据趋势交易法交易系统，价格必须突破 1.1141，系统才会发出买入的交易信号，如果我们提前入场买入，就是违背交易的自然法则。

【图 4-27】是之后的走势图。

图4-27　欧元兑美元小时走势图

由【图 4-27】可以看出，价格已经突破上升趋势线。

此时我们才能看到我们的卖单所拥有的位置优势。俗话说："站得高，看得远。"站在高处，我们就可以看清形势，掌握全局，从而做出正确的选择。

此时我们持有空单会非常镇定，为什么？

除了以上说的位置优势，通过浪的结构，可以清楚地看出突破上升趋势拐点线的下跌为（3）浪下跌，目标至少等于（1）浪的高度。

价格离开入场位置越远，心理就会越感觉安全，当然也就越镇定，即便出现向上大的阳线，你也不会太过紧张，因为你站得高，一两根大的 K 线对你的空头头寸构不成任何威胁。

技术分析是交易心理的安慰剂，你的分析可能正确，也可能错误，但是对于你遵从趋势交易法交易系统的指令，保持持仓的稳定性，具有较大的疗效。

此时我们根据趋势交易法交易系统，启动黄金比率线 62%，如【图 4-28】所示。

图4-28　欧元兑美元小时走势图

62% 的位置为我们的空单建立起了一条坚固的"防护墙"，有了它的保护，你是不是就可以暂时高枕无忧，心情自然就会显得轻松自在。

【图4-29】是之后的走势图。

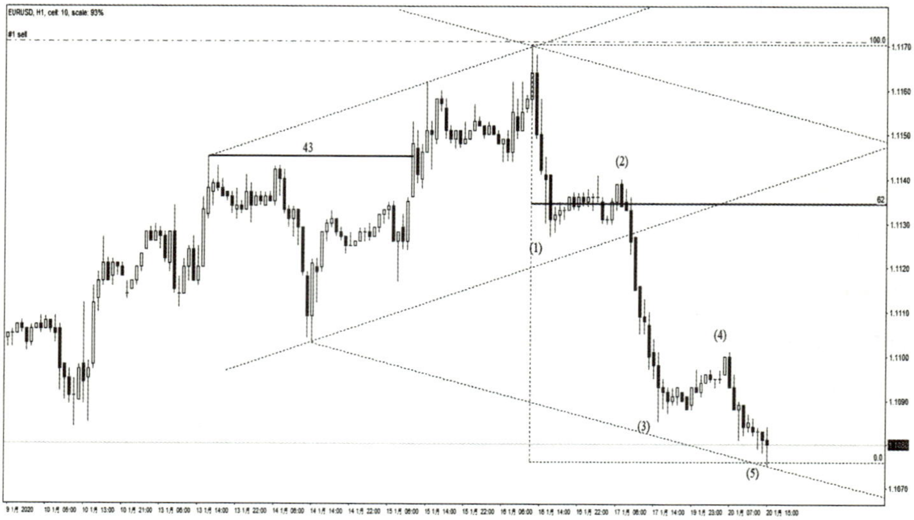

图4-29　欧元兑美元小时走势图

由【图 4-29】可以看出，价格已经远离我们的入场点，扣除隔夜利息218.50 美元，仍然有 651.50 美元的浮动利润。

这时候是最考验人们心智的时候，很多普通投资者忍受不了自己的头寸出现大的利润，为什么？

原因就在于怕失去的不健康交易心理，也就是潜藏在人们内心深处的人的贪婪本性在作祟。

只要你把交易系统放在了脑后，忘记了你交易的最终目的是"钓到 5 条大鱼"，那你平仓的冲动就无法控制。

你会找出 100 个理由，来说服自己平仓持有的空头头寸，获利了结。你会说："下跌已经是 5 浪结构，未来上升是大概率。"你也会这样说："行情走扩张三角形的可能性较大。"如【图 4-30】中的分析所示。

依据【图 4-30】的分析，越看越觉得自己的分析有道理，再加上显示屏幕高度有限，越看越像市场的底部。

其实，这个分析已经带有了方向的主观性，你已经在意识中有了上升的方向，所以你找出的都是具有上升可能性的大概率事件，当然看上去是非常有道理的。

图4-30　欧元兑美元小时走势图

如果我们把底部显示屏幕加长，看上去底部的意识就不会像之前那样强烈，如【图4-31】所示。

图4-31　欧元兑美元小时走势图

由【图4-31】可以看出，至少你认为还会有下跌空间。屏幕显示的限制条件，造成了我们对底部或顶部的错觉。

刚才的分析意识中已经有了上升的概念，所以所有的分析都在为上升可能性服务。如果你的大脑中有下跌的概念，同样可以找到有说服力的理由，如【图4-32】所示。

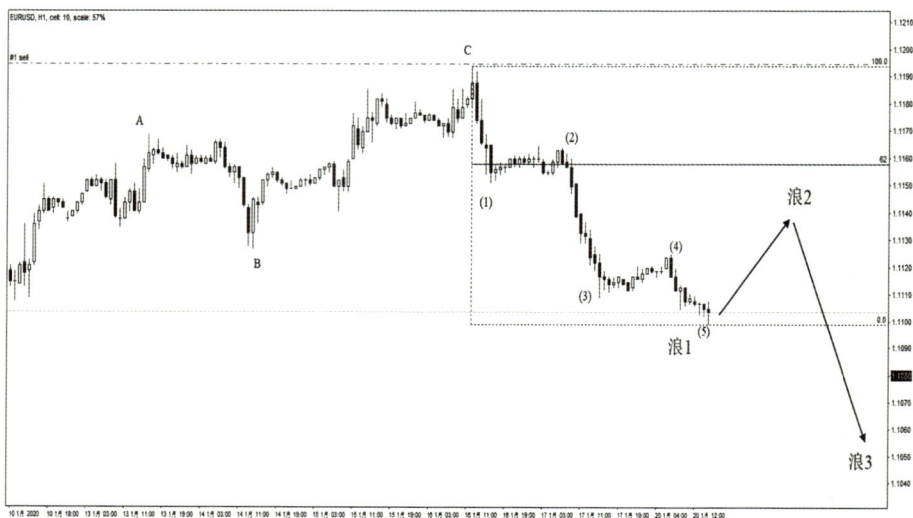

图4-32 欧元兑美元小时走势图

在【图4-32】中，由于之前的上升是3浪结构，我们确定为ABC调整浪，如果未来上升不突破62%位置，就可以确定现在的下跌小5浪就是之后更大级别下跌的浪1，不突破62%的上升就是调整浪浪2，未来还有下跌浪3。

两种不同的技术分析结果，对持有的空头头寸的心理影响是完全不同的。【图4-32】的分析可以增强我们继续持有空头头寸的决心；而【图4-30】的分析会扰乱我们持有空头头寸的心智。

【图4-33】是之后的走势图。

行情走到这个时空点时，你会认为你在底部买入的判断是正确的，之前的分析越来越觉得有道理。

如果因为外部条件的干扰，造成你没能在底部逆势买入，懊恼和自责的负能量开始集聚，如果价格继续上升，负能量就会继续增加，最终会让你变得疯狂，你会把责任都推到别人身上。你会说："我说要买入，都是你干扰了我。"

图4-33 欧元兑美元小时走势图

你必须改变这样的思维模式，要相信交易系统比我们更具智慧，用积极的正能量的思维模式，来抵消这些不健康的交易负能量。因为看涨是你的思维模式，此时也有人看跌，看跌的人发现了上升过程中的 3 浪结构特性，可以确定目前的盘整是扩张 ABC 是大概率事件，那么未来下跌也就变成了必然事件。

人们习惯于否定，或有意忽视与自己主张观念不一致的任何信息。也就是说，他在看涨时，潜意识会忽略下跌的各种可能性分析。结果是，他看不到或想不到扩张 ABC 走势的可能性。

【图 4-34】是之后的走势图。

看到【图 4-34】的走势图，如果你还有未来会上涨的潜意识，你还是会有入市买入的冲动，因为你潜意识看涨的信息不会轻易地消失，即便别人告诉你出现扩张 ABC，你也不会轻易相信别人的分析和判断。

图4-34 欧元兑美元小时走势图

我们知道，如果价格不突破调整浪 d 的 62%，那么未来下跌（与交易系统的方向一致）是大概率事件。

避免出现逆势交易最好的办法就是：遵纪守法，听从趋势交易法交易系统的指挥。

【图 4-35 】是之后的走势图。

图4-35 欧元兑美元小时走势图

由【图4-35】可以看出，价格始终没有能力突破调整浪 d 的 62% 位置，说明市场下跌的力量是非常大的。

出现图中海底捞月的最后一根 K 线，是之前已经逆势买入的投资者的最后一次逃生的机会。如果你没有掌握这个逃脱技能，没有在出现逃脱信号之后及时止损，你将被市场绞杀。

【图 4-36】是之后的走势图。

图4-36　欧元兑美元小时走势图

由【图 4-36】可以看出，价格已经远离我们的入场点，而且 94 小时的横向 abcde 调整浪形成了一个非常坚固的空头防火墙。

有了防火墙的保护，你就应该把心态放平和，不要想着把这笔交易利润最大化，在最低点平仓，这样的想法与趋势交易法交易系统的设计理念相冲突。

浮动盈利越大，想平仓的动机就越强烈。因此，就必须随时为自己减压，以便紧握手中的空头头寸。

你要时刻提醒自己：这笔交易盈利多少，在哪平仓，不由我来决定。

【图 4-37】是之后的走势图。

图4-37　欧元兑美元小时走势图

由【图4-37】可以看出，价格突破了下降趋势拐点线，并同时突破A点，满足直接转向的条件。

趋势交易法交易系统给出买入信号，我们听从交易系统发出的买入信号，平仓获利了结，同时建立新的多头头寸，如【图4-38】所示。

图4-38　欧元兑美元小时走势图

完成 1 次交易的盈利曲线图，如【图 4-39】所示。

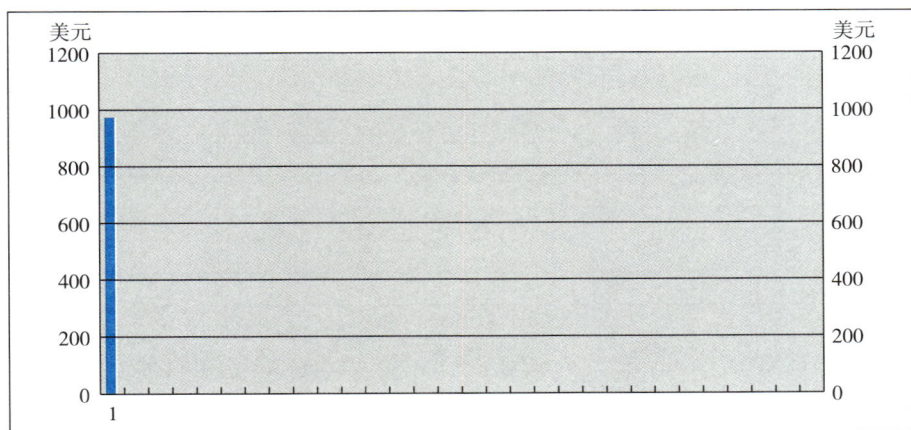

图4-39　1次交易的盈利曲线图

由【图 4-39】可以看出，第一次交易旗开得胜，实现了盈利。

现在我们需要思考的是第二笔交易，我们有多大的概率实现盈利？

通过统计 10 年的数据，我们知道趋势交易法交易系统的准确率为48%。如果我们不能提前知道 2020 年总的交易次数，我们就可以用平均数 35 次来作为常量进行分析。经过模糊数学模型计算，我们可以大约估计一年可能的盈利次数：35×48%=16 次。亏损的次数：35-16=19 次。

我们已经知道 2020 年总的交易次数为 30，准确率为 47%，盈利的次数为 14 次，亏损的次数为 16 次。

我们就可以得到第二笔交易的准确率是：（14-1）÷（30-1）=44%，如【图 4-40】所示。

由【图 4-40】可以看出，完成一次盈利后，下一次盈利的概率就会下降，从 47% 降低到 44%，这与投资者期望的数字恰恰相反。

我们每次盈利了以后，都会相当兴奋，认为下一次盈利不在话下，从而忽视风险的存在，完全忘记了交易就是一场概率数字游戏，亏损的交易就在我们前进的路上。

我们要有居安思危意识，也就是超前的风险意识。我们的交易不会一帆风顺，总会有曲折、坎坷和逆境。面对市场走势，要做到未雨绸缪，在遇到亏损的交易时就不会手忙脚乱，不知所措。在交易顺境时，要有居安思危意识，做好逆境的各种应对措施，防患于未然。

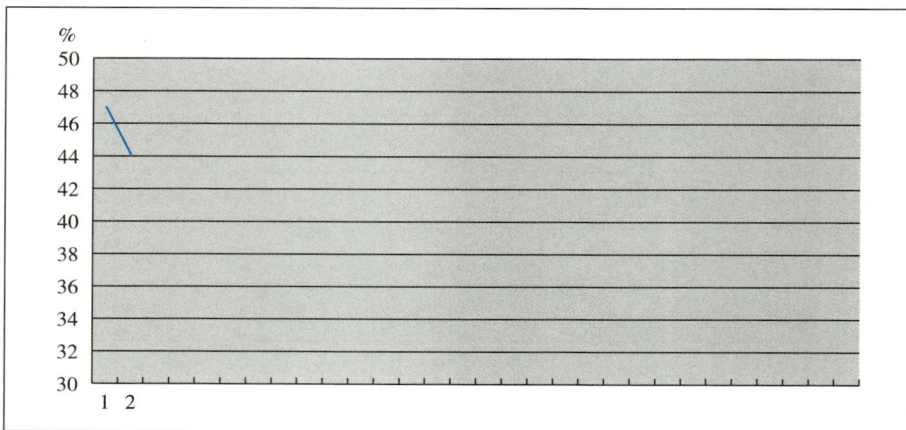

图4-40　每次交易盈利概率图

启动反向操作后，由于突破了 A 点，根据趋势交易法交易系统，我们需要启动临时拐点线。

【图 4-41】是之后的走势图。

图4-41　欧元兑美元小时走势图

很多投资者有寻找顶部和底部的习惯，一旦出现【图4-41】的情况，就产生平仓找机会卖出的冲动。因为逆势交易是人们的一种自然行为习惯，这样的交易让人们有一种满足感。低点买了个便宜货——最低价，高点卖了个好价钱——最高价，是人们所追求的生活目标，它实实在在地反映到了我们的交易当中。

逆势操作，有可能让某一次交易做得相当完美，最低点买入，最高点卖出；或最高点卖出，最低点买入。但这不是专业的交易，也不是能够持续长期稳定的交易系统。趋势交易法的交易系统不追求完美的交易，所以不会将买单完成在最低点，也不会将卖单完成在最高点。

我们通过统计知道第二笔交易成功的概率会降低，那也就是我们亏损的概率在增加。如果现实成真，那价格一定会回到我们的入市价位或入市价位之下，这样才能造成我们第二笔交易出现亏损。

通过以上逻辑分析，我们要有第二笔交易亏损的心理准备，一旦价格快速下跌，至少从心理上可以接受，不至于造成恐慌情绪。

如果以上逻辑分析正确，那么喜欢逆势交易的投资者在此高位卖出，盈利的概率就会较高。

【图4-42】是之后的走势图。

图4-42　欧元兑美元小时走势图

由【图 4-42】可以看出，自最高点的下跌是小 5 浪下跌，下跌的信号非常明显，这笔交易亏损是大概率事件。

即便是下跌的概率大于 90%，你也不要自作聪明，提前执行卖出的交易计划。如果价格能够回到小 5 浪的 62% 位置，给你获利了结并卖出的机会，才可以考虑主动性卖出的交易策略。否则，只能平静地等待被市场"屠杀"的时空点出现，认命就好了。

盈利你要接受，亏损同样也要欣然接受。

这不太容易做到，尤其是账户还一直处于亏损状态的投资者。但是，这就是交易，你就必须做出改变，学会用阿 Q 精神抚慰交易失败造成的心灵创伤。因为，除了你自己可以医治好你的心理疾病，别无他法。

出现【图 4-42】的走势，希望在顶部卖出的随机交易者（无交易系统），如果没能在顶部完成卖出的交易计划，就会非常懊恼和自责。很多投资者在交易过程中关注每笔交易的盈亏，希望每笔交易都是赚钱的，这种交易思想脱离了交易的现实。长期这样的交易思维模式，就会慢慢地走入交易的死胡同，没有了交易的目标和方向。

正确的思维是，每笔交易是亏损还是盈利，交给市场来决定，不去关注持有头寸浮动盈亏的变化。

【图 4-43】是之后的走势图。

图4-43　欧元兑美元小时走势图

由【图4-43】可以看出，价格已经突破上升趋势拐点线，根据趋势交易法交易系统的交易原则，我们需要启动62%的转向工具，如【图4-44】所示。

图4-44　欧元兑美元小时走势图

价格已经接近我们的入场价位，此时，如果你的注意力在你的持有头寸的盈亏上，你就会产生平仓的交易冲动，不会遵从事先制定的交易策略，这是想赢怕输的潜意识对交易行为的影响。

不管发生什么情况，不管K线是大还是小，没有交易系统发出交易指令，我是不会轻易改变头寸的方向的，因为我们交易的目标是捕捉大的趋势，不在意本次交易是亏损还是盈利，亏多少由市场来决定。

【图4-45】是之后的走势图。

在【图4-45】中，趋势交易法交易系统给出了转向位置，我们需要做好准备，一旦价格突破并收市于被动转向位置以下，就会及时平仓，并转向做空。

我只需要有这一个想法，其他任何可能性都不在我的考虑范围之内，这样的交易才是轻松的交易。你想得越多，你的压力就越大，你成功的概率就越低，正所谓财富是自然来的，不是求来的。

图4-45　欧元兑美元小时走势图

【图 4-46】是之后的走势图。

图4-46　欧元兑美元小时走势图

由【图 4-46】可以看出，价格已经突破了被动转向位置，我们需要立刻止损之前的多头头寸，并同时建立相应的空头头寸。

被动转向位置，就是之前多头买单最后的命运，是亏损还是盈利，早已命中注定，不以个人的意志为转移，我唯一能做的就是接受这次的交易亏损，以不变的交易规则、轻松的交易心态，进入下一笔交易之中。

请记住：调整浪完成 abcde 结构后一定不能犹豫不决，否则市场加速运行，你脱了鞋也追不上了。

完成 2 次交易的盈利曲线图，如【图 4-47】所示。

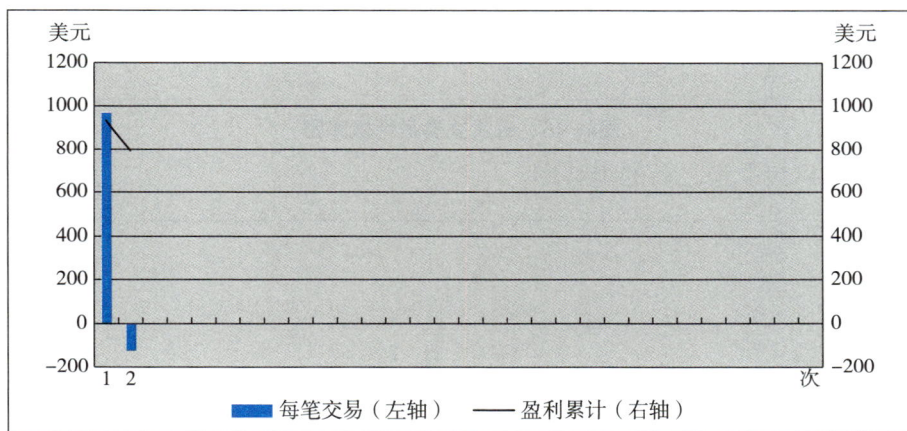

图4-47　2次交易的盈利曲线图

由【图 4-47】可以看出，第一笔盈利后，第二笔出现了亏损。

由于我们提前做好了亏损的准备，潜意识就接受了这样一个提前输入的信息，不至于感到惊讶和愤愤不平，产生报复市场的不健康交易心理。

第二笔交易完成后，我们要关注的是第三笔交易。

通过计算，我们可以知道第三笔交易的准确率：（14-1）÷（30-2）= 46%，如【图 4-48】所示。

由【图 4-48】可以看出，每次盈利后，下一笔交易成功的概率就会降低；反之，每次亏损后，下一次交易盈利的概率就会增加。

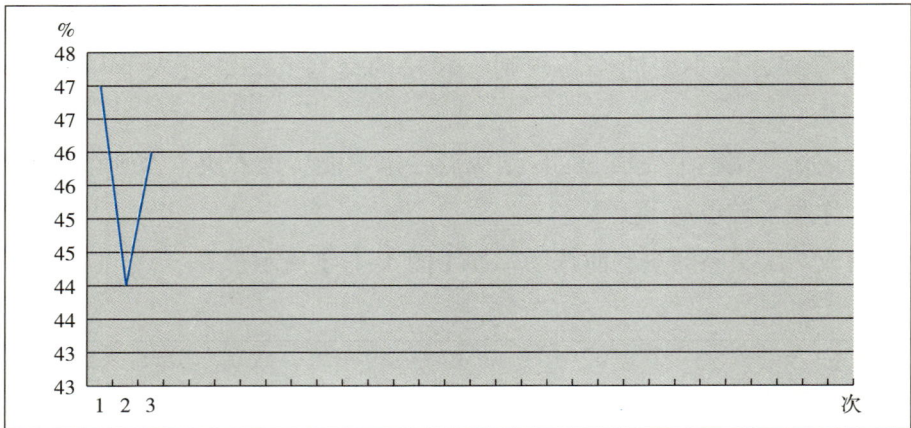

图4-48　每次交易盈利概率图

【图 4-49】是之后的走势图。

图4-49　欧元兑美元小时走势图

由【图 4-49】可以看出，一旦我们犹豫不决，很快 6 根 K 线就完成了下跌过程，等你反应过来再卖出时，市场回调上升一定是大概率事件。

【图 4-49】中出现 K 线反转形态，你是否又会产生买入的冲动？

我想答案是肯定的。

如果我们想买入，那就能找到买入的理由，如价格刚好到达了前低，而且出现了明显的 K 线反转，这个理由看上去具有说服力。如果你把这个想法告诉身边的人，估计 10 个人就会有 9 个人上当受骗。

通常价格到达之前的低点或高点，都会有一些获利了结的平仓盘出现，自然就会出现回调。但是，回调与逆势启动的浪 1 是有根本的区别的。如果你不能看出这些区别，那就老老实实地听从交易系统的指挥。如果你随意执行买入的交易计划，那就是在对抗"智者"，因为趋势交易法交易系统并没有给你买入信号。

由【图 4-49】可以看出，向下运行的通道很窄，并且是浪 3 运行中，属于行情的青年期，就没有逆势交易的必要。如果要逆势交易，也要等到行情进入老年期(同级别 5 浪或不同级别 7 浪)，这时的成功率高，止损小。

【图 4-50】是之后的走势图。

图4-50 欧元兑美元小时走势图

由【图 4-50】可以看出，价格已经突破之前的最低点。

如果你在之前你认为的低点执行了买入计划，此时你会怎么操作？

止损后卖出？不敢。因为自最高点开始的下跌已经达到了 130 点，潜意识中底部的能量不会在这一瞬间消失。

继续持有多头头寸？不敢。担心亏损会越来越大。

大概率你的选择是止损后空仓观望。

一旦你空仓后，你再入场就会变得相当困难。你脑子里想的永远是买入而不是卖出，你要为之前买入后止损的那笔交易报仇，想通过复仇来挽回你的颜面，证明你的能力。但是市场会不停地教训你，直到你丧失逆势交易的信心。

【图 4-51】是之后的走势图。

图4-51 欧元兑美元小时走势图

由【图 4-51】可以看出，价格在底部出现了一个标准的启明星反转形态，喜欢逆势交易，或没有交易系统的投资者，认为这样的信号就是自己的最爱，会再次毫不犹豫地入场买入。

他们买入的理由是，出现了两个同级别的区间跨度，认为反转是大概率事件。即便是大概率事件，你能确定这一次不是小概率事件吗？

正确的思考应该是这样的：目前运行在 3 浪中，即便上升是大概率，那么它是调整浪也是大概率，我只需要关注上升是哪一种调整浪就可以了，什么时间买入，等待趋势交易法交易系统发出明确的买入信号。

浪的结构并不完整，下跌远没有结束。此时应该坚定持有空单的信心，而不是考虑逆势交易，等待市场的"杀戮"。

【图 4-52】是之后的走势图。

图4-52　欧元兑美元小时走势图

由【图4-52】可以看出，价格再次突破前低，买入的投资者该如何操作？

止损后，退出市场，空仓观望，没有别的选择。因为价格越来越低，你敢买入的胆量就会越来越小。

【图4-53】是之后的走势图。

图4-53　欧元兑美元小时走势图

由【图 4-53】可以看出，价格突破最低点后没有加速，而是企稳后又回到最低点之上。之前买入后止损的投资者会产生愤怒的市场情绪，看到价格企稳后，他们会再次买入，为什么？

产生愤怒情绪后，人们的智商会大大降低，做出一些非常愚蠢的事情一点都不会感到惊讶。

【图 4-54】是之后的走势图。

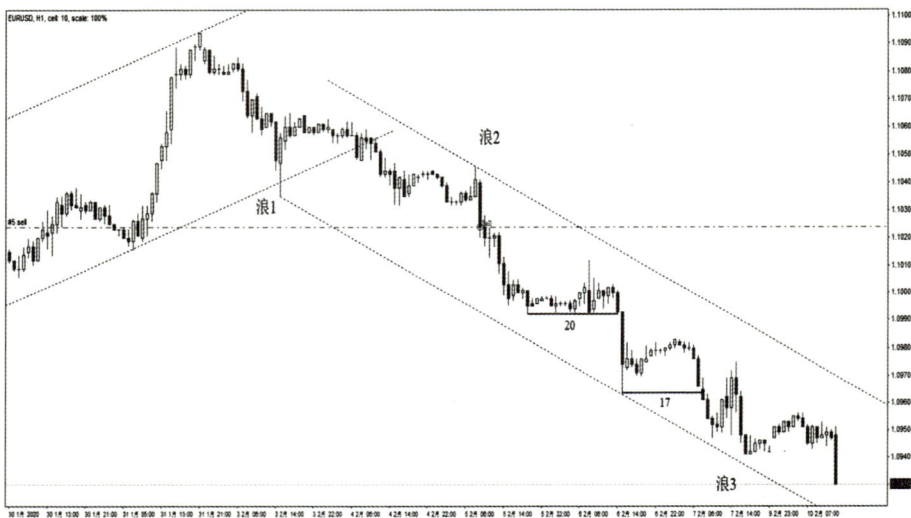

图4-54　欧元兑美元小时走势图

由【图 4-54】可以看出，价格再次突破前低，请问你该如何操作？

由于之前的止损经历，止损后价格并没有加速下跌，造成了左右"扇耳光"的被动局面。有了之前的经历，为了避免被左右"扇耳光"，大概率他们会选择死扛——不止损。

【图 4-55】是之后的走势图。

由【图 4-55】可以看出，很不幸，这次未能如他们所愿，突破后未能回到最低点之上，而是选择了加速下跌。此时，他们会如何操作呢？

如果亏损的数额在他们的心理承受范围之内，他们会选择死扛；否则，还是会选择止损后空仓观望。

行情运行到现在，趋势交易法交易系统没有提供任何操作信号，而他们已经操作了 2 次或 3 次买入，说明谁是智者呢？

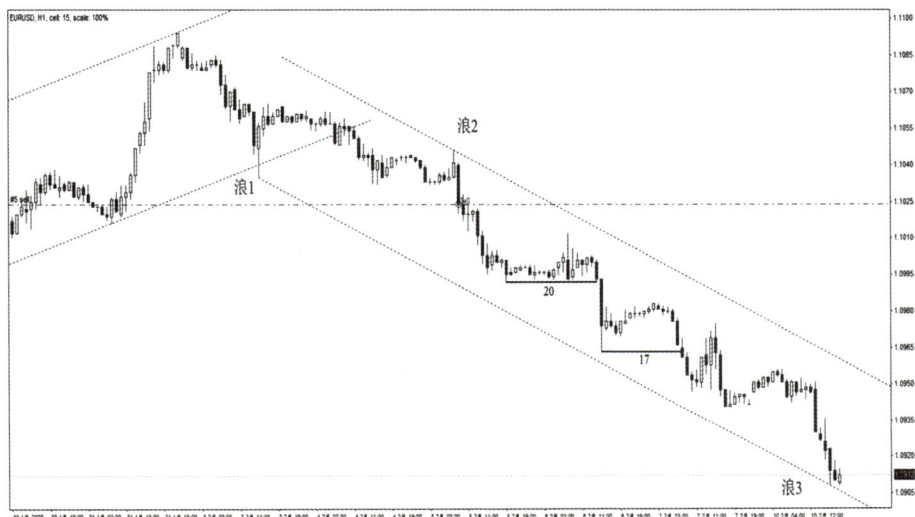

图4-55　欧元兑美元小时走势图

此时，逆势交易者会有这样一种感觉，好像是市场在有意跟自己对着干，我买入，市场就下跌；我止损，市场就企稳；我选择不止损，它就加速下跌不回头。

现实是没有任何市场会选择跟你对着干。如果你选择跟趋势交易法交易系统站在一边，持有空头头寸不动，你不是站在了市场的一边吗？只要你顺势交易，市场就不会跟你对着干，它就会变成你的朋友。

【图 4-56】是之后的走势图。

由【图 4-56】可以看出，价格出现了横盘整理，并出现 K 线反转走势。这让之前没有止损，一直死扛的逆势交易者看到了回本的希望。

我为什么说是回本，而不说看到了赚钱的希望呢？

这是很多普通投资者的交易习惯。一旦他们的交易出现亏损，他们的交易原始目标就变了，也就是从赚钱目标变成了回本目标，只要回本不亏，就是他们最大的心理满足。一旦价格回到盈亏平衡线，他们就会立刻平仓，退出来观望市场，之后上涨再多，也跟他们没有了任何关系，所以我说是他们看到了回本的希望，而不是赚钱的希望。

图4-56　欧元兑美元小时走势图

【图 4-57】是之后的走势图。

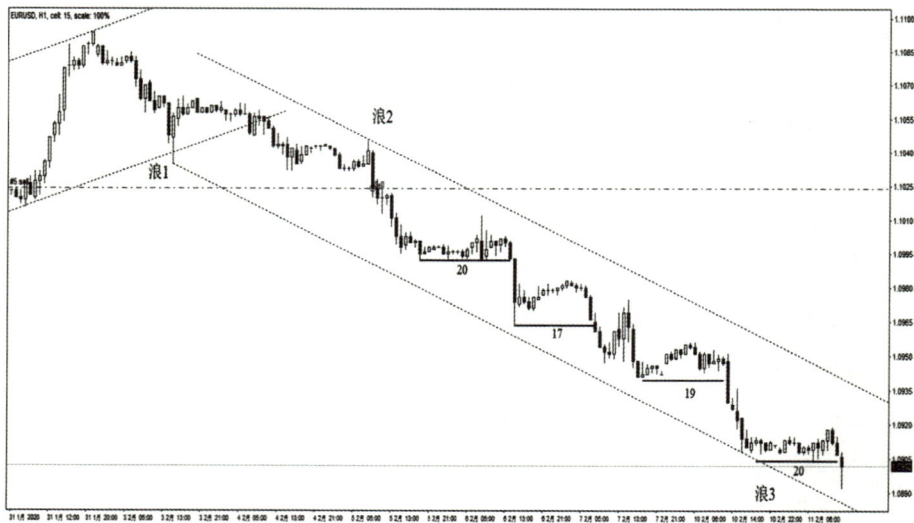

图4-57　欧元兑美元小时走势图

由【图 4-57】可以看出，价格再次破低。此时，你会选择如何操作？

从最高点到现在已经下跌了 200 点，到了这个阶段，猜测底部的人会越来越多，只要亏损的数额还在他们的忍受范围，继续死扛到底还是他们的首选。

【图 4-57】中出现了 4 个 20 左右的区间跨度，习惯逆势的投资者就会特别喜欢研究区间的合并，目的只有一个，寻找市场的底部。

你有没有发现逆势交易面对凶猛的下跌走势，显得毫无办法，任人宰割。做交易要学会察言观色，所有的价格全部锁定在下降通道中，说明市场的空头力量巨大，没有给多头任何翻身逃脱的机会，遇到这样的情况，老老实实顺势交易是上上策。

【图 4-58】是之后的走势图。

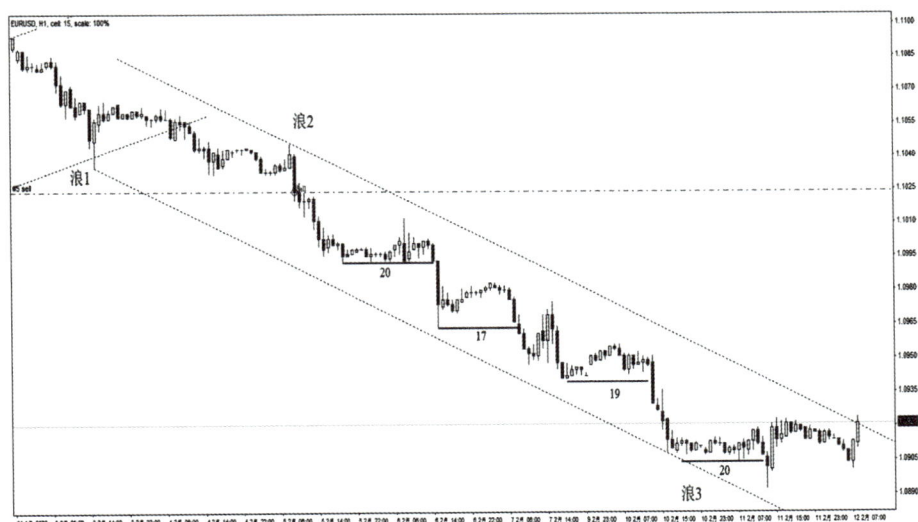

图4-58 欧元兑美元小时走势图

看到【图 4-58】的走势图，看涨的人越看越像底部。他们所有的分析都将围绕着目前是底部这个假设。现实是行情走出了扩张 abcde 调整浪，下跌的概率高于 90%。如果完成调整浪 e，如果你不知道要抓紧时间逃脱，迎接你的将是再次亏损而不是盈利。

【图 4-59】是之后的走势图。

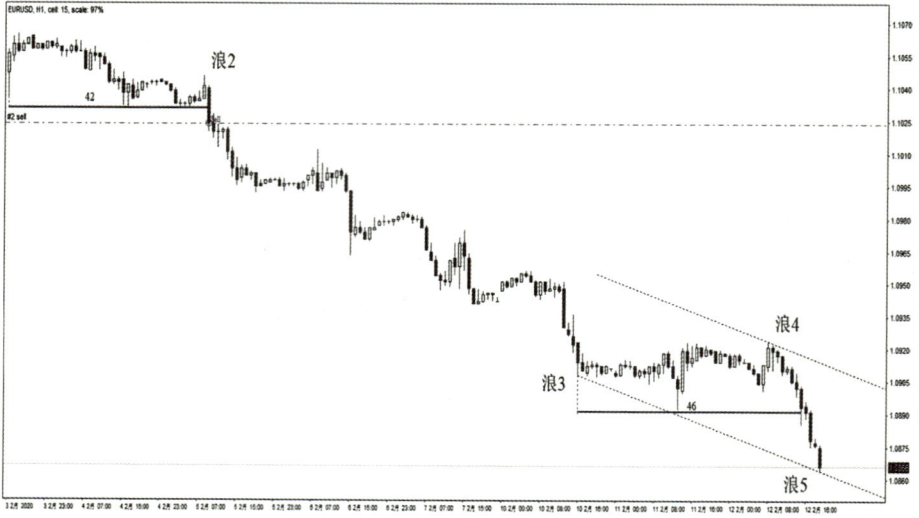

图4-59　欧元兑美元小时走势图

由【图 4-59】可以看出，价格加速下跌，大多数之前买入的投资者将失去死扛的勇气，被迫止损，止损的行为就是加入空头大军。

此时，下降趋势真正形成，没有人能轻易改变这个市场的趋势。

【图 4-60】是之后的走势图。

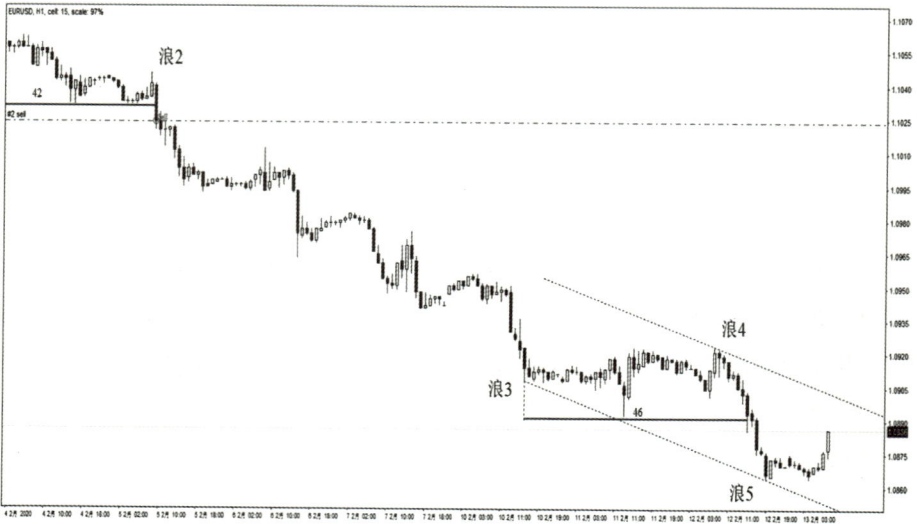

图4-60　欧元兑美元小时走势图

由【图 4-60】可以看出，价格又出现了回调走势，又是在引诱逆势交易者入场买入。

大多数逆势交易者难以经受得住这样的诱惑。他们会问："你不是说出现同级别 5 浪反转是大概率事件吗？"

出现同级别 5 浪反转是大概率事件，这是事实。但是趋势交易法交易系统没有让你在出现同级别 5 浪时逆势交易，必须等到价格突破转向工具，交易系统发出买入信号后，才可以执行买入的交易策略。同样的情况，大概率事件不能保证这次一定不是小概率事件发生。

在这样的情况下，你要这样暗示并说出你的想法："价格不突破拐点线，我就坚决持有空头头寸，不管发生了什么。" 为什么要大声地说出来？因为只有你大声地说出来，信息才能传送到潜意识，潜意识接受了你的信息，你就不会"手欠"，一有风吹草动，就被吓出了市场。

【图 4-61】是之后的走势图。

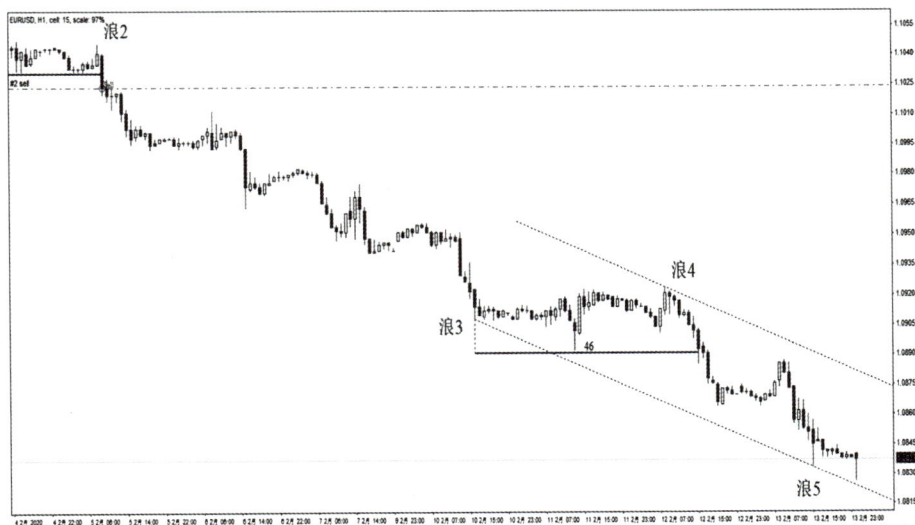

图4-61　欧元兑美元小时走势图

由【图 4-61】可以看出，价格继续不断地创出新低，让市场上的多头彻底转为空头。

现在回头来看，之前买入的投资者会自责，他们会问：自己为什么当时止损后不卖出？

因为有利润空间了，他们才会这么想。这是"事后诸葛亮"的典型代表。走出的图形很清晰，他们才会看出自己的交易行为是错误的。假设时间可以倒流，回到他们入市的时间和空间价位，他们照样还是采取买入的交易策略，不会有任何改变，除非他们学会了根据交易系统指导自己的交易行为，而且具备了交易的自律性。

【图 4-62】是之后的走势图。

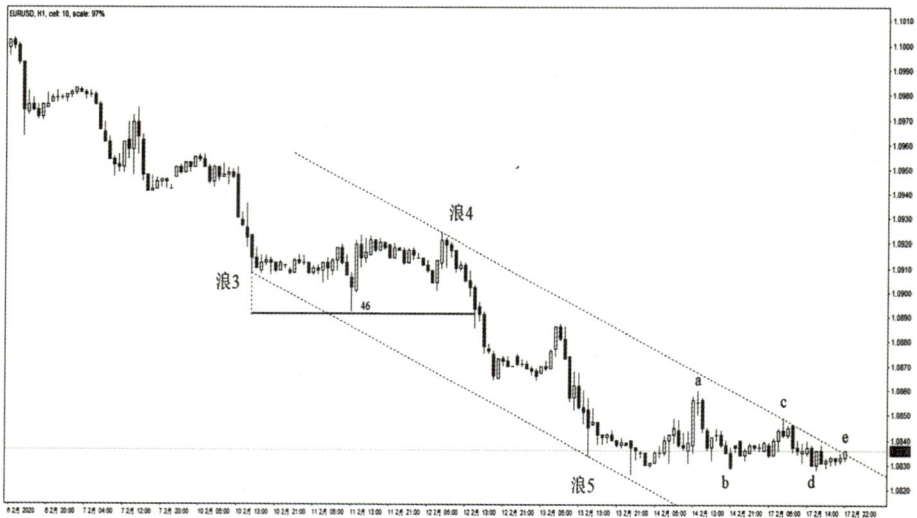

图4-62　欧元兑美元小时走势图

由【图 4-62】可以看出，价格突破了下降趋势拐点线后，根据趋势交易法交易系统，启动 62% 转向条件，等待转多信号的出现。

之前我说过，突破拐点线后转向虽然是大概率事件，但是对于某一次交易，仍然是独立的，不能 100% 确定一定是转向，所以也就不能随意执行买入的交易计划，必须等待发出确切的买入信号。

突破拐点线后，完成了 abcde 结构，预示下跌还将继续。

【图 4-63】是之后的走势图。

图4-63　欧元兑美元小时走势图

由【图 4-63】可以看出，价格再次创出新低。此时的锤子线才是真正的底部反转的标准 K 线反转形态，因为浪的结构已经是 7 浪结构，行情反转是大概率事件。

之前一路逆势交易的投资者，到了真正底部，出现了反转的锤子线，因为亏怕了，他们失去了再次逆势交易的勇气和胆量，如果这根锤子线真是市场的底部，行情恢复上涨后，他们仍然会自责为什么不在这根 K 线后执行买入订单。

由于卖出的订单的利润可观，这种情况等待价格突破拐点线再转向，是我的第一选择。

【图 4-64】是之后的走势图。

由【图 4-64】可以看出，价格突破了下降趋势拐点线后，趋势交易法交易系统启动了 62% 转向条件。

图4-64　欧元兑美元小时走势图

【图 4-65】是之后的走势图。

图4-65　欧元兑美元小时走势图

由【图 4-65】可以看出，价格突破最低点后，趋势交易法交易系统启动了下降趋势拐点线转向。

【图 4-66】是之后的走势图。

图4-66　欧元兑美元小时走势图

由【图4-66】可以看出，价格突破下降趋势拐点线，同时也突破了A点，按照趋势交易法交易系统，执行突破直接转向。我们需要平仓之前的空头头寸，并同时建立新的多头头寸。

之前的坚定看多的"死多头"，此时他们会选择如何交易？

出现了买入机会后，他们反而不敢买入了，这时，他们反而转成了空头，想在高点卖出，原因是让之前强势的下跌行情吓怕了，思维难以一时转变过来。他们就好比是追随在大鱼后边的一群小鱼，转向永远比大鱼晚一步。

这次交易经历了290个小时，经历了16天的时间，趋势交易法交易系统没有任何心动，没有任何恐惧，没有任何逆势交易的想法。其间经历的所有逆势交易的想法与交易系统有关吗？难道不是你的主观想法吗？

这次交易就好比是修行得到的一次正果，中间要经过多少的磨难才能达到这个目标。如果你能像趋势交易法交易系统一样，心地清净，心无杂念，交易不是变得很轻松吗？

完成3次交易盈利曲线图，如【图4-67】所示。

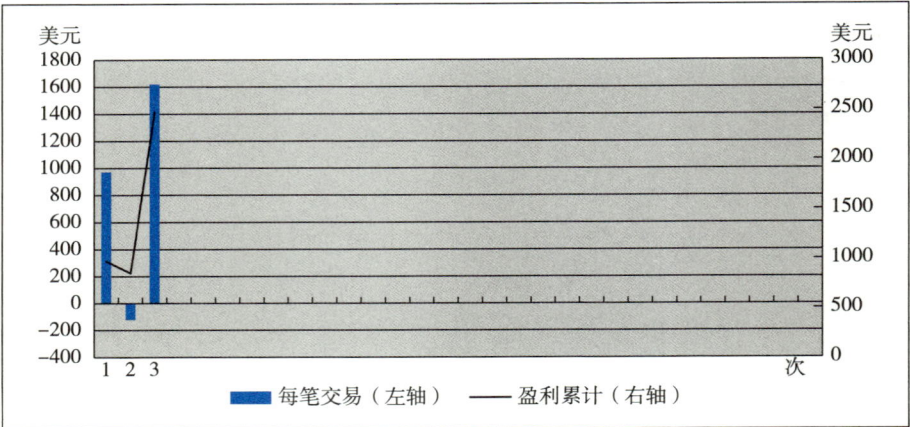

图4-67　3次交易的盈利曲线图

第 3 笔完成后，我们要关注的是第 4 笔交易。

通过计算，我们可以知道第 4 笔交易的准确率：（14-2）÷（30-3）=44%，如【图 4-68】所示。

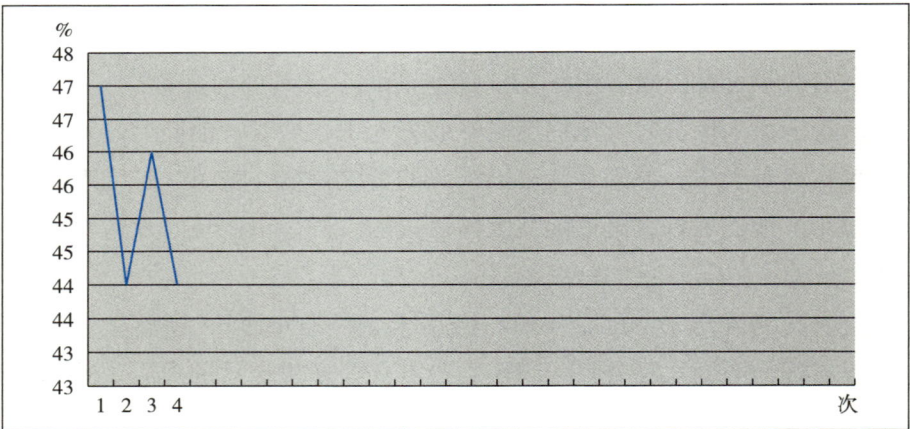

图4-68　每次交易盈利概率图

【图 4-69】是之后的走势图。

出现【图 4-69】中的海底捞月 K 线反转形态，你是否会产生逆势交易卖出的冲动？

图4-69　欧元兑美元小时走势图

如果没有交易系统和交易自律的约束，我想每个人都会有卖出的冲动。你必须克服这种逆势交易冲动，避免让逆势交易变成自己的交易习惯，一旦养成逆势交易的习惯，要改变这种习惯是非常困难的。

【图4-70】是之后的走势图。

图4-70　欧元兑美元小时走势图

由【图4-70】可以看出，价格再次创出新高。

你本想把钱送给市场，但是市场选择了拒绝。这正是有心栽花花不开，无心插柳柳成荫。交易的盈利也是缘，有些事情强求不得，得之我幸，不得我命，无论结果是好是坏，都要坦然接受。

该是你的钱，它跑不掉，不想要迟早也是你的；不该是你的钱，想尽办法，也不是你的。

交易就是这样，愿望与现实的落差就是这么大。你认为这笔交易盈利的概率比较大，结果是亏损；同样，你认为这笔交易亏损的概率比较大，结果反而是盈利。交易的结果就是这么让你难以捉摸。既然结果如此不确定，何不选择跟随交易系统，省下来精力好好享受交易。

在【图4-70】中，之前选择逆势交易的投资者，此时该如何操作呢？

与之前逆势做多一样，如果亏损的数额在他们的心理承受范围之内，会死扛空单；如果超出他们的心理承受范围，就会选择止损，退出头寸后观望市场，成为看客。很少投资者有勇气止损后同时马上建立相应的多头头寸。

有趋势交易法交易系统作指导，可以让我轻松观察市场行情的变化，在没有完成所有上升结构之前出现的任何引诱我做空的交易信号，我都不会为之心动。因为我知道逆势交易一旦出现错误的判断，出现左右"扇耳光"的局面，那么交易的成本是相当大的，足以消耗掉一个中级行情的利润所得。

【图4-71】是之后的走势图。

【图4-71】中再次出现K线反转形态，市场继续引诱逆势交易者做空。

与之前出现的锤子线一样，由于结构不完整，在此做空同样成功率比较低。如果你有从市场"偷钱"的技能，我不反对你执行卖出的交易计划，没有这个"金刚钻"，就不要揽这个"瓷器活"，乖乖听从趋势交易法交易系统的指挥。

图4-71　欧元兑美元小时走势图

【图 4-72】是之后的走势图。

图4-72　欧元兑美元小时走势图

出现【图4-72】中的上影线较长的K线，之前逆势卖出的投资者不会轻易投降，幻想价格还有机会回到他们入场点附近。

逆势交易者看到的都是对他们头寸有利的市场信息，潜意识会有意避开对自己造成痛苦的市场信息。所以他们看不到市场明显是多头占优的市场信息，也就是上升的K线基本上都是大的标准K线，下跌的K线都是非标准的小的K线。

【图4-73】是之后的走势图。

图4-73　欧元兑美元小时走势图

由【图4-73】可以看出，价格已经突破上升趋势的拐点线。

与之前的交易策略一样，突破了上升趋势拐点线，下跌是大概率，我也不会盲目入市做空，而是要等到趋势交易法交易系统发出明确的卖出信号，才会采取行动。不出现反转的卖出信号，绝对不能轻易退出已有的多头头寸。

【图4-74】是之后的走势图。

由【图4-74】可以看出，即便价格突破了上升趋势拐点线，启动62%比率线后，并没有出现做空的交易信号，而是继续创出新高。由此可以了解按照事先制定的交易规则出牌的重要性，遵从交易系统，避免了中断持有的多头头寸连续获利的机会。

图4-74　欧元兑美元小时走势图

【图 4-75 】是之后的走势图。

图4-75　欧元兑美元小时走势图

由【图 4-75】可以看出，行情已经进入浪 7 运行中。

很多投资者一听浪 7，担心错过最高点卖出，就匆匆入市，结果很可能是你看对了方向，交易的结果仍然是亏损。

如果在这个上升过程中有意寻找市场顶部，它会制造出无数的看似顶部的反转信号，让你不停地卖出和止损，一手好牌，让你打得稀碎。

【图 4-76】是之后的走势图。

图4-76　欧元兑美元小时走势图

由【图 4-76】可以看出，价格再次创出新高，力度像是火箭发射，没有人敢继续持有空单。而这样的走势，恰恰就是顶部运行特性。如果之前逆势卖出，那么很可能被动止损，你如果止损后继续买入，就可能被搁置在最高点浪 7 的顶点，把你吊在空中，任由市场踩蹭。

你没有能力去判断顶部特征，最好的办法就是听从趋势交易法交易系统的指挥。与之前下降趋势的交易策略一样，由于持有的多单的利润较为可观，没有必要去采取主动转空的交易策略。

【图 4-77】是之后的走势图。

图4-77　欧元兑美元小时走势图

由【图 4-77】可以看出，价格已经突破上升趋势拐点线。

根据趋势交易法交易系统启动 62% 反向转向工具。与之前的交易一致，也必须等到出现卖出的交易信号，多单才能平仓获利了结。

【图 4-78】是之后的走势图。

图4-78　欧元兑美元小时走势图

由【图4-78】可以看出，趋势交易法交易系统给出了被动转向的位置。我不需要做任何画蛇添足的分析，静静地等待系统发出卖出的交易信号。

【图4-79】是之后的走势图。

图4-79　欧元兑美元小时走势图

由【图4-79】可以看出，价格已经突破了被动转向位置，我们需要遵从交易系统的指令，平仓获利了结之前的多头头寸，同时建立相应的空头头寸。

自最高点的下跌已经达到200点，在这个价位做空，如果不是交易系统发出的指令，我想大多数投资者不敢在这个价位卖出，因为一旦判断失误，止损的空间将达到150点以上。

如果出现止损空间较大的情况，我通常会采用资金管理，将止损的空间降低在50点以内。本书主要讲述的内容是交易过程中的心理变化，有关资金管理的技术性问题不在本书中赘述。

完成4次交易盈利曲线图，如【图4-80】所示。

第4笔交易完成后，我们要关注的是第5笔交易。

通过计算，我们可以知道第5笔交易的准确率：（14-3）÷（30-4）=42%，如【图4-81】所示。

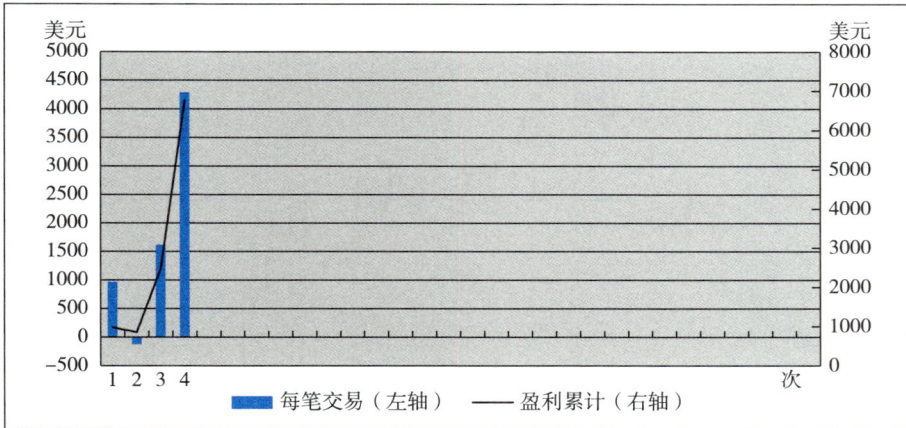

图4-80　4次交易的盈利曲线图

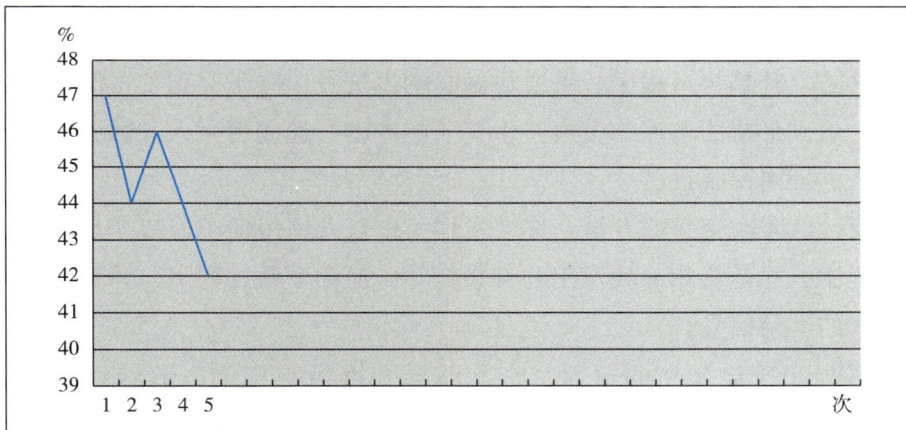

图4-81　每次交易盈利概率图

由【图4-81】可以看出，4笔交易有3笔交易实现了盈利，以完成的4笔交易为数组，准确率达到了75%，这明显是不正常的，超出47%的平均准确率太多，失真较大，准确率需要回归常态，预示亏损或连续亏损的交易即将到来。

【图4-82】是之后的走势图。

图4-82　欧元兑美元小时走势图

之前上升趋势过程中一直逆势做空的投资者，终于等到了行情回调的机会，看到形成了双底，就会产生买入的冲动。他们想买入，就会找出各种买入的理由说服自己。

通过这4次交易的分析，你会发现大多数人都习惯于逆势交易。在上升过程中，总是喜欢寻找卖出的交易信号；而在下跌过程中，总是喜欢寻找买入的交易信号。

不改变逆势交易的习惯，交易就会变得身心疲惫，最后亏损是必然事件。要想改变逆势交易的习惯，就要学会自律，相信交易系统，执行交易系统，因为它是你可以最后实现盈利、可以值得信赖的最好助手。

现在你的任务就是要改变这个逆势交易的习惯，怎么做？

上升过程中不关注阴线，下降过程中不关注阳线，只关注同向K线的走势。

【图4-83】是之后的走势图。

由【图4-83】可以看出，价格自低点展开了回升走势。之前在双底逆势买入的投资者，此时会非常兴奋，认为买到了一个理想的最低点，他们会习惯地向身边的人展示他们的买单，以便让人们知道他判断市场的与众不同。

图4-83 欧元兑美元小时走势图

请记住：逆势交易的喜悦一定是非常短暂的。一旦行情调整结束，已有的浮动利润将被汹涌的洪水瞬间吞没。

对于初期交易的投资者，不建议你让别人知道你交易的头寸，因为你承受不了行情变化给你带来的压力。要学会两耳不闻窗外事，一心只在交易中。

事以密成，语以泄败。一个人不管你做什么事情，先隐蔽，到适当的时机才显现，事情还没有结果，不要到处宣扬。交易也是一样，不要把你的交易轻易告诉别人，让自己处于不利地位。

【图4-84】是之后的走势图。

由【图4-84】可以看出，如果你逆势交易执行了买入计划，现在将处于非常被动的局面。止损？感觉已经下跌了这么多，担心有反弹出现；不止损？怕价格继续下跌，亏损越拉越大。

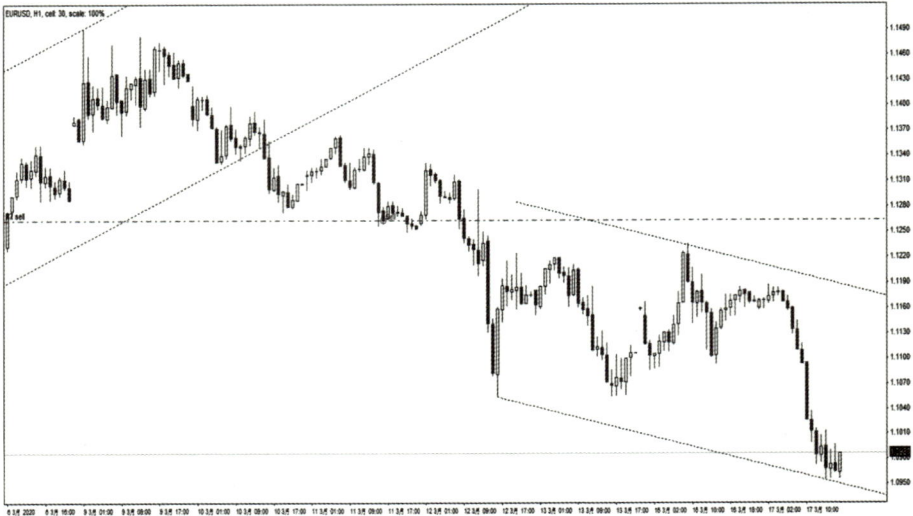

图4-84　欧元兑美元小时走势图

如果遵从交易系统的指令，你就可以站在高处，静观市场的变化，因为价格距离你的入场位置较远，你不用担心一两根 K 线就吃掉你的浮动利润。由此可知，遵纪守法和听从交易系统的指挥是多么的重要。

【图 4-85】是之后的走势图。

图4-85　欧元兑美元小时走势图

看到【图 4-85】中的走势图，连续的 4 根阳线，你不可能没有逆势买入的冲动。即便是我，也会滋生买入的冲动。

由于趋势交易法交易系统已经启动了下降趋势拐点线转向，持有的空单至少可以获得小小的利润而不会出现亏损。通过这样的心理暗示，让冲动逆势买入的能量慢慢减弱甚至消失，把注意力集中到交易系统和自己的交易的目的（捕捉大趋势）上，这叫阿 Q 精神转移法。

【图 4-86】是之后的走势图。

由【图 4-86】可以看出，价格已经突破下降趋势拐点线。

根据趋势交易法交易系统，启动黄金比率线 62% 作为转向工具，并等待做多信号的出现。

图4-86　欧元兑美元小时走势图

【图 4-87】是之后的走势图。

由【图 4-87】可以看出，趋势交易法交易系统给出了转向信号。我们将密切关注行情的走势，准备获利了结之前的空头头寸。

图4-87 欧元兑美元小时走势图

【图4-88】是之后的走势图。

图4-88 欧元兑美元小时走势图

由【图4-88】可以看出，价格已经突破了被动转多位置，及时平仓之前的空头头寸，同时建立相应的多头头寸。

截至 3 月 24 日，近 3 个月的时间，趋势交易法交易系统只提供了 5 次交易机会，平均每月只有 1.5 次交易，如【图 4-89】所示。

图4-89 交易次数统计图

请静静地想一想，你一个月做了多少次交易？哪些交易是你的交易系统发出的？哪些交易是你冲动的随机交易？通过对比分析，我想你应该很容易找到你交易失败的根本原因。

在【图 4-89】中，我们可以观察到这样的信息，趋势交易法交易系统并没有让我们把买入的订单发生在最低点，也没有让我们的卖出订单发生在最高点。但是每一段行情都没有逃脱掉。

完成 5 次交易盈利曲线图，如【图 4-90】所示。

由【图 4-90】可以看出，5 次交易只有 1 次亏损，准确率达到 80%。那么，通过对 5 次交易的数据统计，我们得到什么启示呢？

我们知道，趋势交易法交易系统的准确率在 45%~55%，这个准确率大大超出了平均数，预示未来出现亏损的概率将增大，盈利的概率将减少。

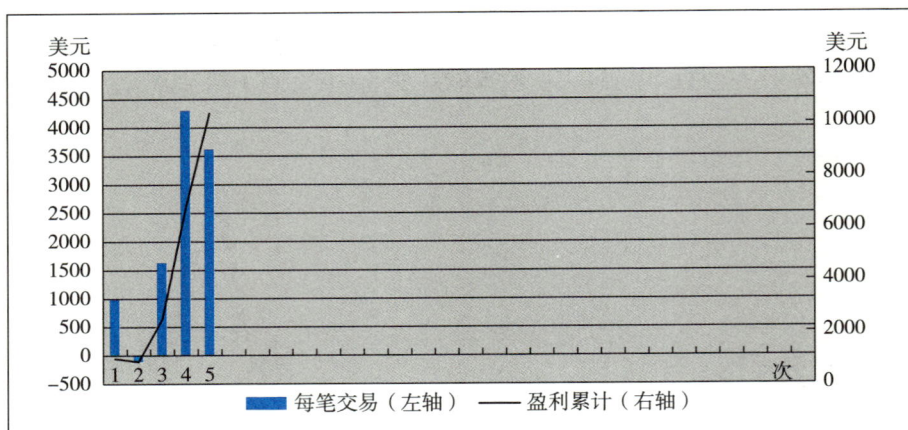

图4-90　5次交易的盈利曲线图

任何交易系统都有它的针对性，或者说每个系统都有它的局限性。有的是针对盘整设计的，有的是针对趋势设计的，像趋势交易法交易系统。

如果行情出现大的盘整走势，趋势交易法交易系统就会出现以趋势设计为中心的交易系统的缺陷，会出现连续亏损的现象。趋势交易法交易系统补充了主动转向的条件，针对的就是盘整行情使用的交易技法。

从交易开始，没有出现盘整行情，都是趋势行情，这是能够完成5次交易4次盈利的关键。

前5次交易达到80%的准确率，完全失真，所以第6次亏损将是确定性事件。有了这样的心理准备，出现亏损，潜意识也会自然地接受，而不会刻意地从自身或外在寻找交易亏损的原因。

通过计算，我们可以知道第6笔交易的准确率：（14-4）÷（30-5）=40%，如【图4-91】所示。

由【图4-91】可以看出，准确率曲线加速下跌，预示着亏损的交易就在眼前。

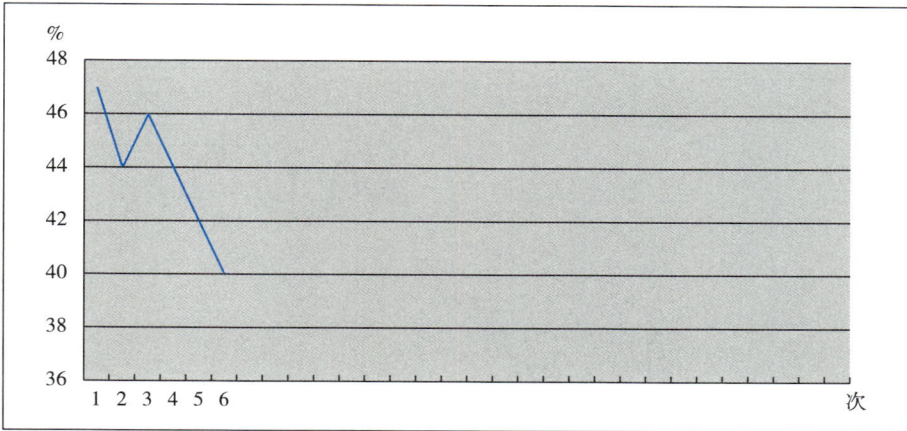

图4-91　每次交易盈利概率图

大的盈利，是趋势行情；小的亏损或盈利，是盘整行情。出现连续盈利的情况，我会主动调整交易系统的交易策略，增加主动转向的条件，用盘整的思维考虑问题。

【图 4-92】是之后的走势图。

图4-92　欧元兑美元小时走势图

由【图 4-92】可以看出，价格已经突破上升趋势拐点线。

123

趋势交易法交易系统将启动 62% 反向转向工具，如【图 4-93】所示。

图4-93 欧元兑美元小时走势图

由【图 4-93】可以看出，趋势交易法交易系统给出了转向信号。我们等待价格突破被动转空位置，平仓并建立新的空头头寸。

【图 4-94】是之后的走势图。

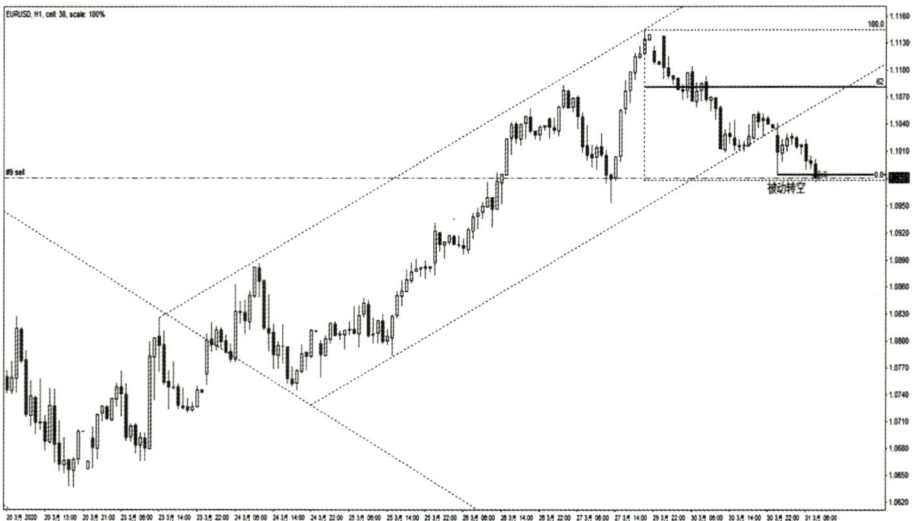

图4-94 欧元兑美元小时走势图

由【图4-94】可以看出，价格突破被动转空位置。及时平仓之前的多头头寸，同时建立新的空头头寸。

6次交易盈利曲线图，如【图4-95】所示。

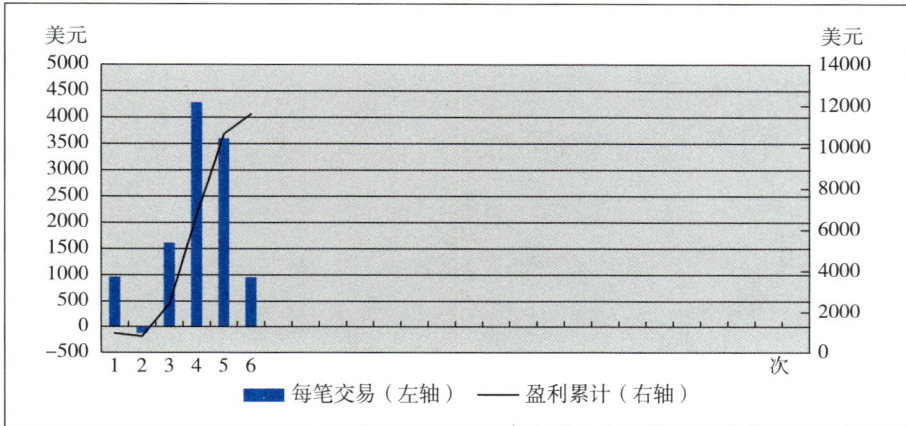

图4-95　6次交易的盈利曲线图

第 7 笔交易的准确率：（14−5）÷（30−6）=37%，如【图 4-96】所示。

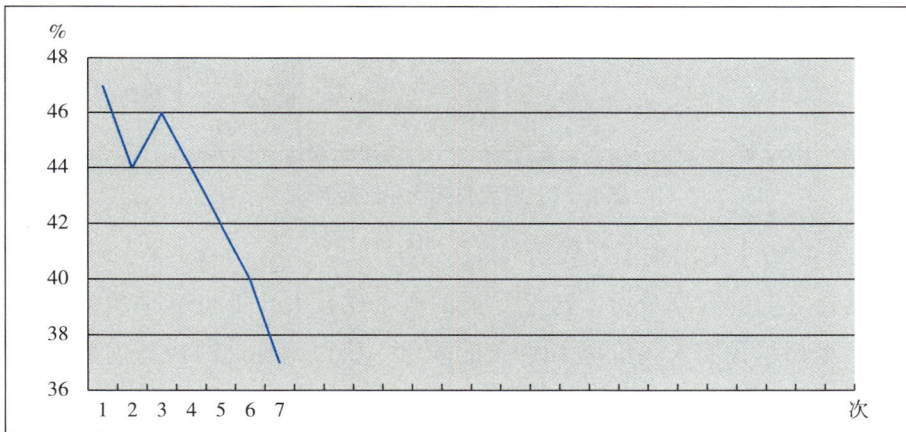

图4-96　每次交易盈利概率图

由【图4-96】可以看出，概率曲线继续快速下跌，也就是亏损的概率在逐渐增加，第 7 笔交易盈利的概率已经到了最低点区域。

通过这些数据统计分析，我们已经为下一笔交易的亏损做好了心理准备。如果真的发生了亏损，也是意料之中的事情，不会造成心理预期与现实的巨大落差，影响交易的心情。

虽然我们已经做好了亏损的心理准备，但是每次亏损的交易都没有出现。此时我们更要有耐心，要保持清醒的头脑，因为连续盈利的交易，很容易丢掉风险意识。很多投资者出现连续盈利后，仓位就会变重，为大亏或爆仓埋下了"种子"。

【图4-97】是之后的走势图。

图4-97　欧元兑美元小时走势图

【图4-97】中出现了反转信号（3浪）。

结合之前的数据分析，这笔亏损的概率比较大，那也就预示价格具有达到甚至超越我们入场价位1.0981的能量。所以，在此时执行逆势交易，成功的概率比较大。

经验丰富的投资者可以在这个时空点执行平仓和反向操作；而对于刚刚入市，还没有形成自己的交易系统的投资者，建议还是老老实实等待趋势交易法交易系统发出转向信号后，再执行买入的交易计划。

【图4-98】是之后的走势图。

图4-98　欧元兑美元小时走势图

由【图4-98】可以看出，趋势交易法交易系统发出了转向信号。

【图4-99】是之后的走势图。

图4-99　欧元兑美元小时走势图

7次交易盈利曲线图，如【图4-100】所示。

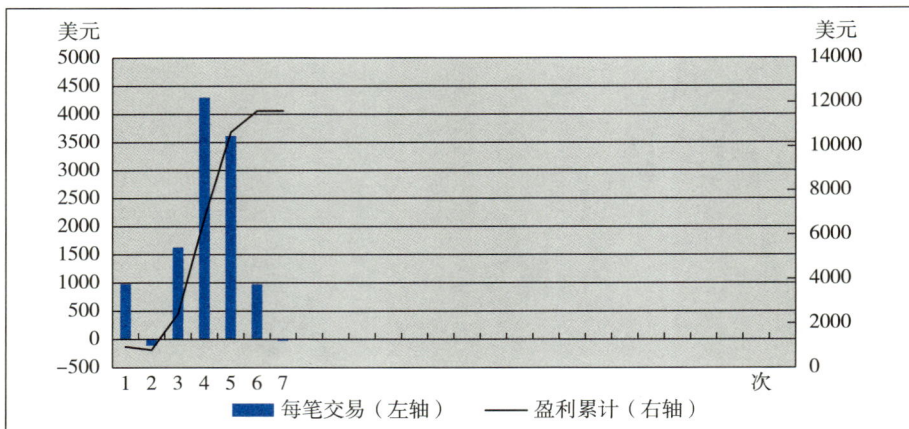

图4-100　7次交易的盈利曲线图

完成 5 笔交易后，由于准确率高达 80%，远远超出趋势交易法交易系统的平均准确率 45%~55%，我们预测行情将进入盘整走势，之后的第 6 笔（中级趋势）和第 7 笔小亏，证明了我们的预测是正确的。

第 8 笔交易的准确率：（14-5）÷（30-7）=39%，如【图 4-101】所示。

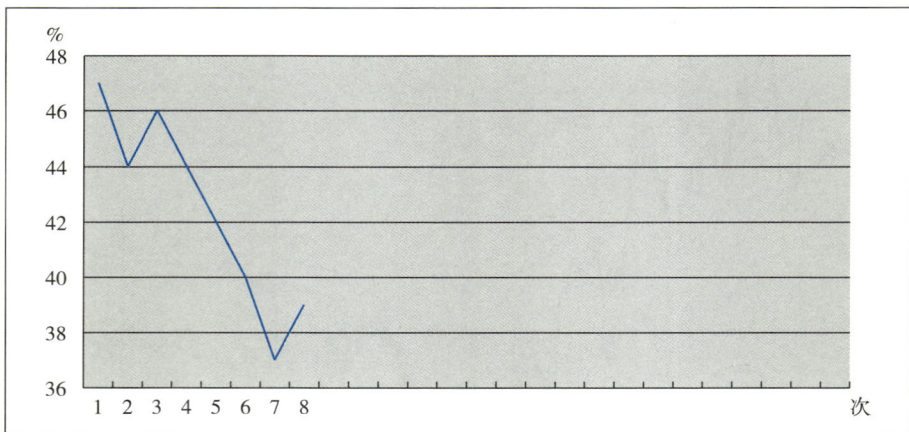

图4-101　每次交易盈利概率图

由【图 4-101】可以看出，准确率曲线反转向上，预示下一笔交易成功的概率开始增加。

【图 4-102】是之后的走势图。

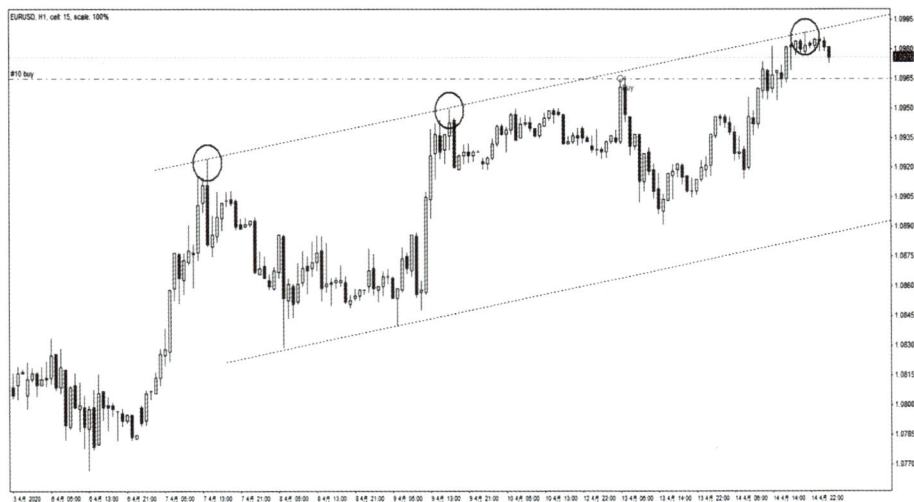

图4-102　欧元兑美元小时走势图

由【图 4-102】可以看出，行情出现外延 3 点反转走势，上升趋势的结构又是完整的，此时执行卖出的交易计划成功的概率就比较大，这是可以逆势交易的时空点。

由于我们不启动主动转向，继续等待趋势交易法交易系统发出卖出交易信号。

【图 4-103】是之后的走势图。

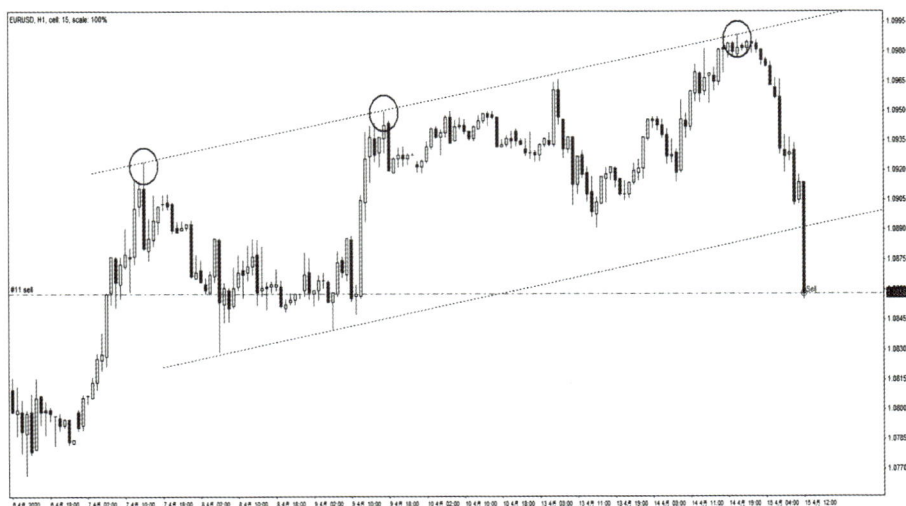

图4-103　欧元兑美元小时走势图

由【图4-103】可以看出，价格突破上升趋势拐点线。

趋势交易法交易系统发出直接卖出交易信号，因此我们执行趋势交易法交易系统发出的指令，止损后立刻转为空头头寸。

完成 8 笔交易后盈利曲线图，如【图4-104】所示。

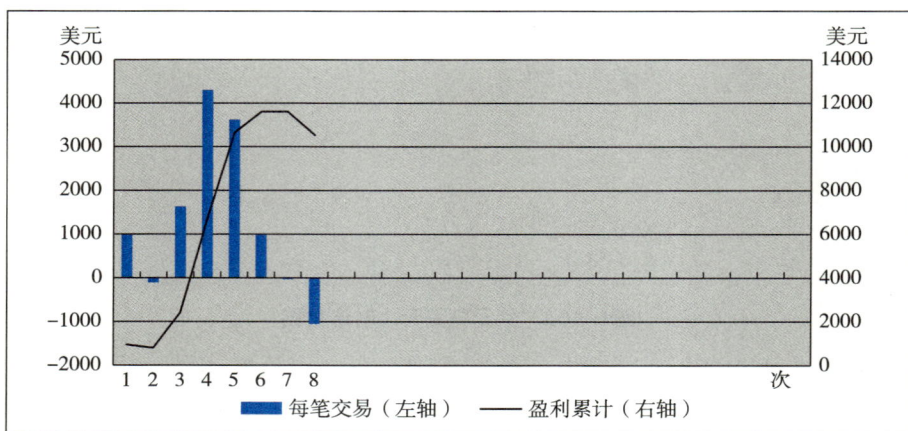

图4-104　8次交易的盈利曲线图

由【图4-104】可以看出，亏损的交易终归还是出现在第 8 笔交易上。出现了亏损的交易，与你平时交易不同，你的心情为什么会如此平静？因为从第 5 笔交易之后，我们就已经预测到这个结果，只是来得稍微晚了一点。

提前知道了结果，就好比我们知道了河的深度，没有了恐惧，亏损到来了，心理虽有不甘，还是会坦然接受。

第 9 笔交易的准确率：（14-5）÷（30-8）=41%，如【图4-105】所示。

由【图4-105】可以看出，出现连续 2 笔亏损后，准确率曲线快速上升。每增加一次亏损的交易，下一笔交易盈利的概率就会增加。

行情已经进入盘整期，此时我们要有这样的心理准备，小的亏损或小的盈利将是这段时间的主旋律。

在交易过程中，形成图表潜意识极为重要。通过这些数据的统计以及图表的绘制，目的就是将这些信息输送给潜意识，让潜意识接受每一次交易的结果，不管交易的结果是盈利还是亏损。

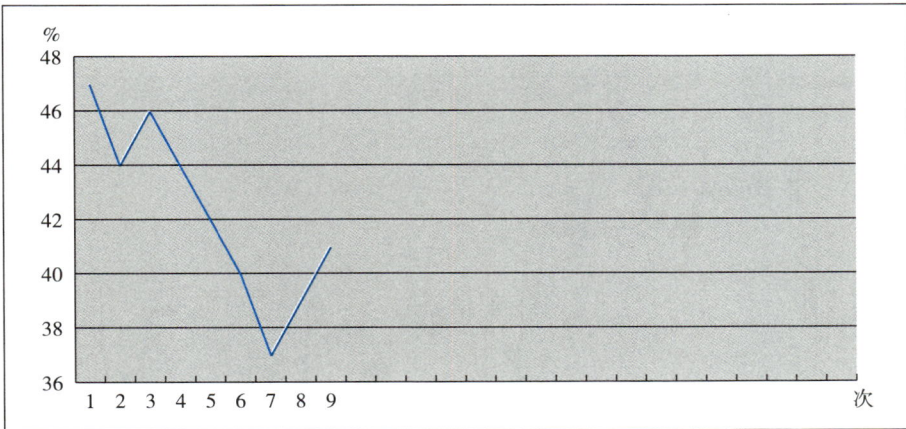

图4-105　每次交易盈利概率图

同时，通过大数据的分析，我们可以更有信心地执行我们交易系统发出的所有交易信号，消除交易过程中的恐惧情绪。

【图4-106】是之后的走势图。

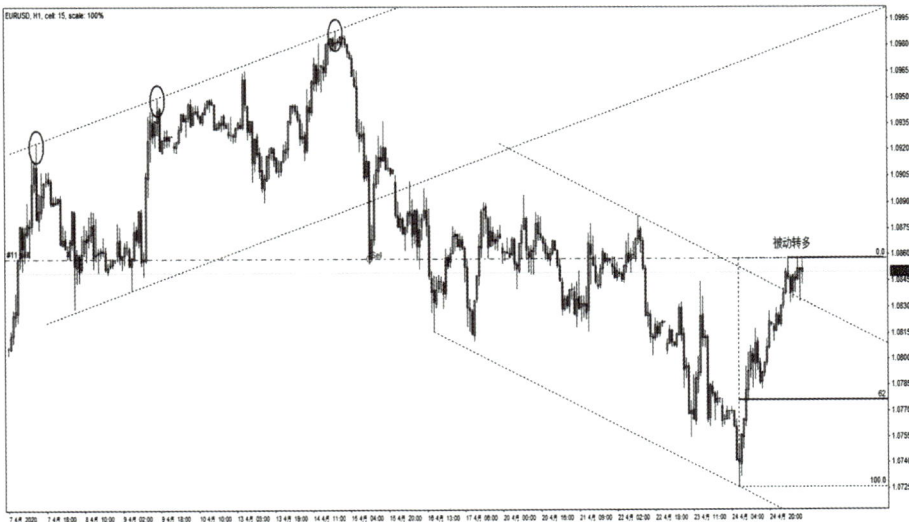

图4-106　欧元兑美元小时走势图

由【图4-106】可以看出，价格突破下降趋势拐点线，趋势交易法交易系统发出转向信号。

【图 4-107】是之后的走势图。

图4-107 欧元兑美元小时走势图

由【图 4-107】可以看出，价格已经突破被动转向位置。

我们及时止损，并建立多头头寸。如果没有交易系统的指示，每个人都不敢在这个高位执行买入计划，因为担心买在了最高点。交易系统的好处是，它可以为你的交易壮胆，只要你相信它，交易系统就是你交易最好的依赖。

完成 9 笔交易后盈利曲线图，如【图 4-108】所示。

由【图 4-108】可以看出，我们已经出现了 3 次连续亏损。

由于这些亏损都是在我们提前预料之中，所以潜意识早已接受这样的事实，心态上也就会比较平静，不会因为亏损而产生报复市场的行为。

连续 3 次亏损，给我们什么暗示呢？此时你应该如何思考行情的走势？

趋势交易法交易系统出现连续 3 次亏损，通常给出的信息是行情完成了一个 ABC 的大的震荡，其中 A、B 和 C 一定是 3 浪结构，才能让趋势交易法交易系统，每次像过山车一样，空手而归。

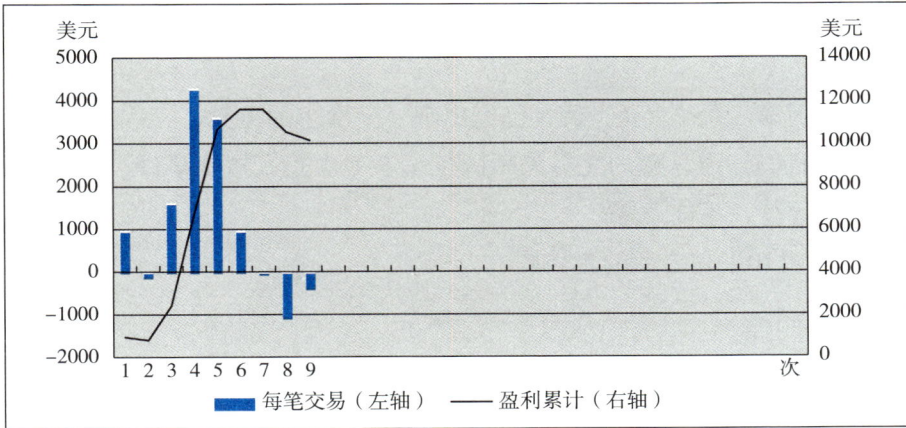

图4-108 9次交易的盈利曲线图

我说过，任何一个交易系统都有它的软肋。我是趋势跟踪的痴迷者，趋势交易法交易系统的所有交易策略都是围绕着跟踪趋势设计的，出现盘整行情时，以小亏或不亏度过，就是交易系统的胜利。

目前的交易正是在盘整区，出现小亏小盈、连续小亏或连续小盈的情况是必然事件，这一区域我们定义它为黑暗区，这一区域的交易心情会比较压抑。排除心理压力的方法就是观察过去历史交易的盈利曲线，建立自信，相信曙光就在眼前。

第10笔交易的准确率：（14-5）÷（30-9）=43%，如【图4-109】所示。

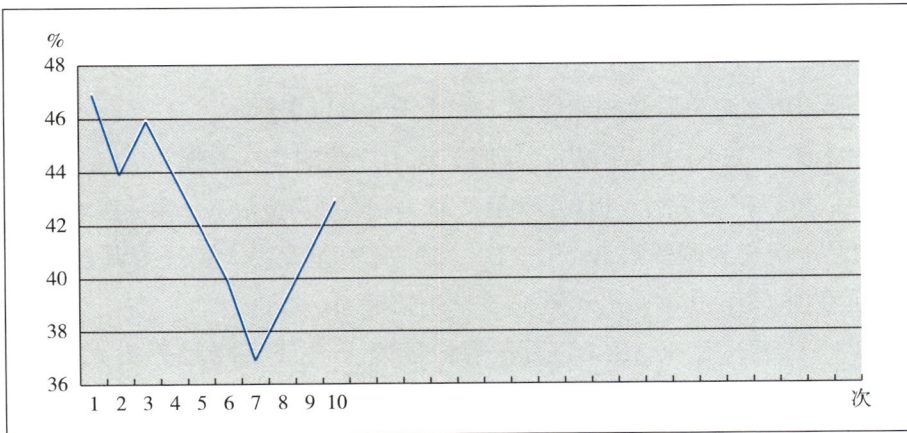

图4-109 每次交易盈利概率图

由【图4-109】可以看出，准确率曲线快速回升，预示盈利的交易即
将到来。

捕捉到第二条"大鱼"后，已经出现了一次小的盈利，三次连续亏损。
通过统计我们知道盘整的交易黑暗区持续 5~8 次是大概率事件，所以我们
还要耐心等待，不能急躁。

【图4-110】是之后的走势图。

图4-110　欧元兑美元小时走势图

由【图4-110】可以看出，价格突破上升拐点线，并突破被动转空位
置，我们被迫止损转向。

完成 10 笔交易后盈利曲线图，如【图4-111】所示。

由【图4-111】可以看出，我们实现了连续的 4 次亏损。

我们可以把第 1 次亏损（第 7 笔交易）定义为调整浪 A，第 2 次亏损（第
8 笔交易）定义为调整浪 B，第 3 次亏损（第 9 笔交易）定义为调整浪 C，
第 4 次亏损（第 10 笔交易）就应该是调整浪 D。

我们知道，完成 ABCDE 后，行情恢复上升或下降趋势为大概率事
件，预示我们还将经受一次亏损的交易——调整浪 E（第 11 次交易）。

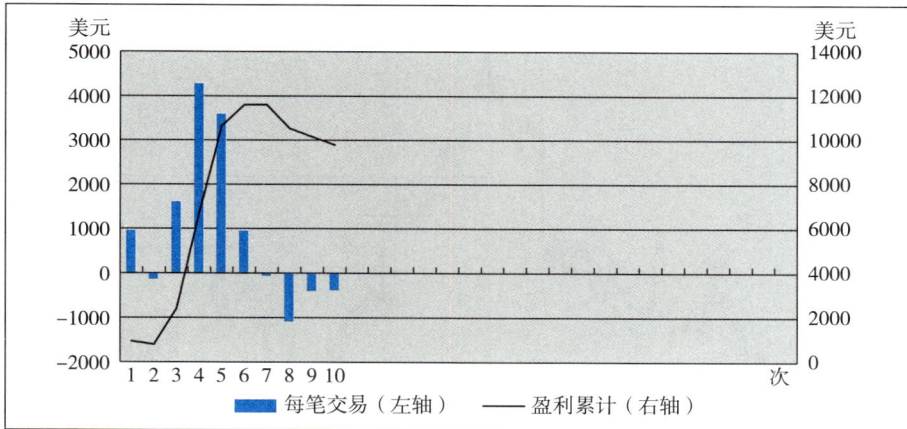

图4-111　10次交易的盈利曲线图

第11笔交易的准确率：（14-5）÷（30-10）=45%，如【图4-112】所示。

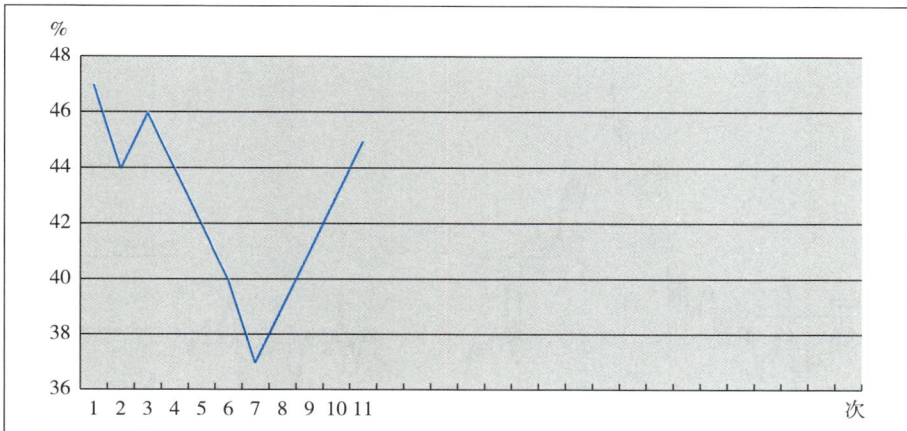

图4-112　每次交易盈利概率图

【图4-113】是之后的走势图。

由【图4-113】可以看出，价格未能突破62%，形成了反向58的区间跨度，我们需要绘制上升趋势拐点线。

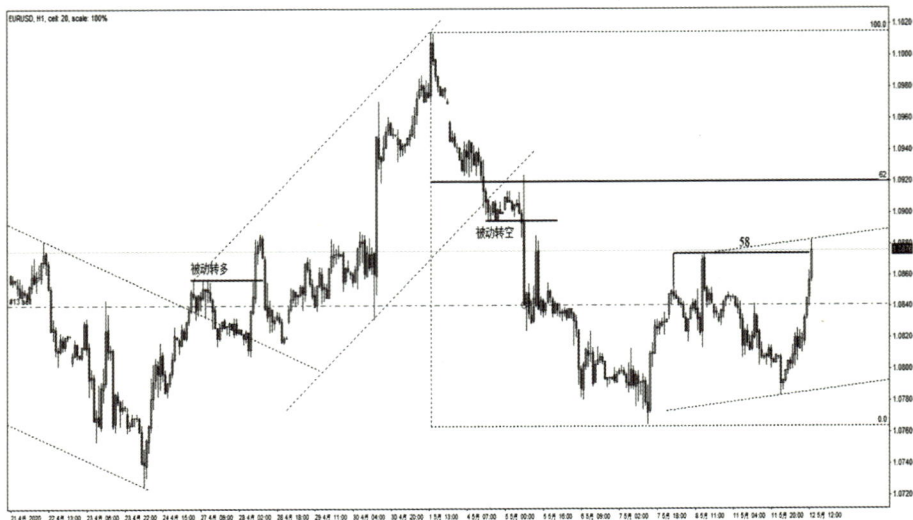

图4-113 欧元兑美元小时走势图

【图 4-114】是之后的走势图。

图4-114 欧元兑美元小时走势图

由【图 4-114】可以看出，价格突破了上升趋势拐点线，并出现了被动转空位置。此时我们持有的空单要等突破 62% 时执行转向。

【图 4-115】是之后的走势图。

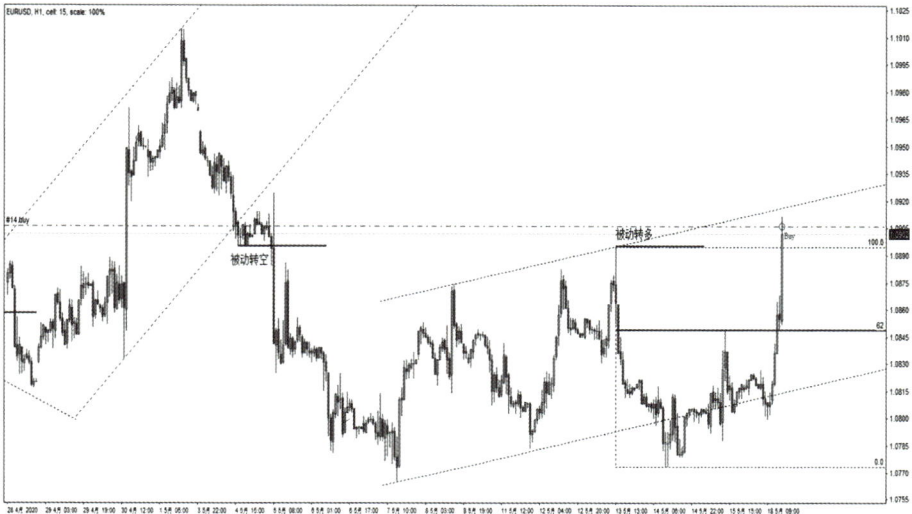

图4-115　欧元兑美元小时走势图

由【图4-115】可以看出，价格突破62%，并突破被动转多位置，我们及时止损，并立刻建立相应的多头头寸。

完成11笔交易后盈利曲线图，如【图4-116】所示。

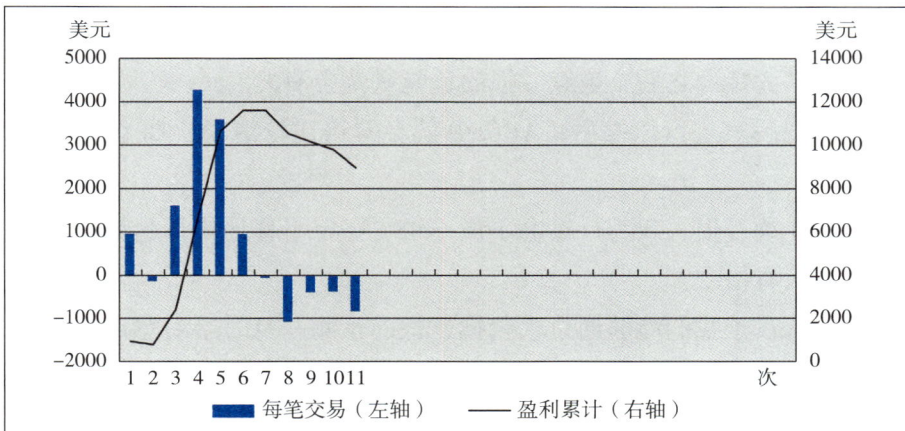

图4-116　11次交易的盈利曲线图

由【图4-116】可以看出，第11笔交易仍然是亏损，我们已经经历连续5次亏损。

因为有趋势交易法交易系统，确保每次亏损都控制在1000美元以内，对整个资金曲线没有产生太大的影响。

第12笔交易的准确率：（14-5）÷（30-11）=47%，如【图4-117】所示。

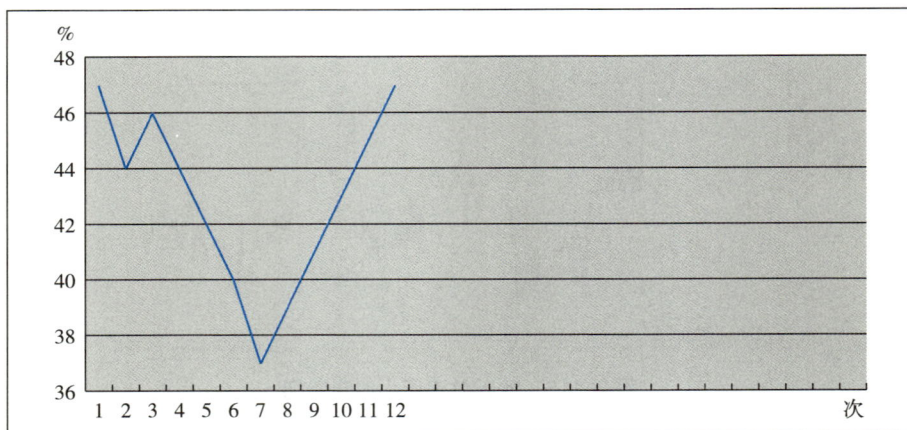

图4-117　每次交易盈利概率图

连续5次亏损，盈利概率曲线快速上升至47%，预示震荡ABCDE已经结束是大概率，"大鱼"就要来临。

有了这样的心理暗示，之前的连续亏损的负能量就会慢慢减弱，等真正捕捉到"大鱼"之后，连续亏损的负能量就会消失。

我们把图表进行压缩后，ABCDE就会看得比较清楚，如【图4-118】所示。

出现连续亏损，我为什么会不慌不忙、坚定不移地执行趋势交易法交易系统的所有指令？

原因就在于我们能够通过大数据，提前预测并及时给潜意识以暗示，早早地接受这个连续亏损的事实。

我们很多投资者，出现两次连续亏损，就会对交易系统产生怀疑，或对自己的交易能力产生怀疑，不能继续坚持自己的出牌规则，那么他们就很难保证前后出牌的一致性。不能保证前后出牌的一致性，你就无法捕捉到"大鱼"。

图4-118　欧元兑美元小时走势图

【图4-119】是之后的走势图。

图4-119　欧元兑美元小时走势图

【图4-119】中形成了K线反转形态。

经过连续5次亏损，完成了ABCDE震荡走势，此时逆势交易卖出是非常危险的。逆势交易即便是有利润可赚，我也不会轻易去火中取栗。

很多普通投资者逆势交易出错的根本原因，就是不能掌握市场的脉搏，不知道各个时空点的危险等级，不分等级地盲目交易，一旦遇到趋势行情，一年积累的利润就会全部回吐，甚至出现亏损或爆仓。

【图 4-120】是之后的走势图。

图4-120　欧元兑美元小时走势图

由【图 4-120】可以看出，上升趋势非常地强劲，这些上涨的能力来自哪里呢？

俗话说：盘整时间有多长，上涨或下跌的力量就有多大。连续 5 次亏损，换来的就是这样一个强劲的上升趋势。

请记住：巨幅震荡后，千万不要逆势交易。

【图 4-121】是之后的走势图。

图4-121 欧元兑美元小时走势图

由【图4-121】可以看出，价格已经突破上升趋势拐点线，并突破 A 点，趋势交易法交易系统给出卖出信号。我们依据系统发出的信号，及时平仓，并建立相应的空头头寸。

完成 12 笔交易后盈利曲线图，如【图 4-122】所示。

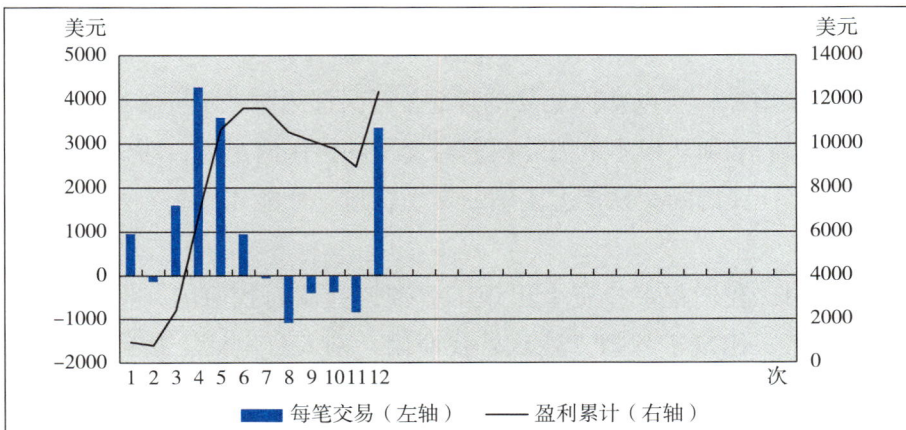

图4-122 12次交易的盈利曲线图

由【图 4-122】可以看出，经过 5 次连续小的亏损，换来一笔大的盈利，这笔大的盈利足以覆盖之前连续 5 笔交易的亏损总计，盈利曲线再次恢复上升，平稳度过了黑暗区。

【图 4-122】给我们以启示，只要坚持 100% 执行趋势交易法交易系统的所有指令，趋势终将成为我们的囊中之物。

第 13 笔交易的准确率：（14-6）÷（30-12）=44%，如【图 4-123】所示。

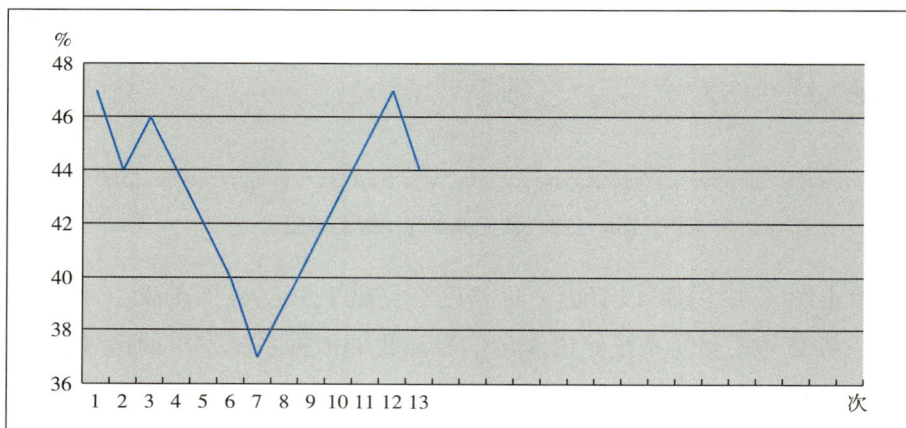

图4-123　每次交易盈利概率图

由【图 4-123】可以看出，每增加一笔盈利的交易，下一笔交易亏损的概率就会增加，所以我们交易的理想（每次都想赚钱）与现实是有巨大落差的。我们必须从根本上消除我们对交易的错误潜意识，对亏损交易的偏见，才能让我们的交易走上正确的交易轨道，才能建立起专业的交易心理状态。

现实中，我们很多投资者出现了盈利，就从内找原因，把功劳归功到自己头上；出现了亏损，就从外找原因，别人打电话干扰到了他的交易，外边打雷都可能是他亏损的理由，这是对交易和自己不负责任的交易态度。

做交易的人，要想成功，就必须学会有担当，敢于承担责任，这样你才可以找到交易失败的主要原因，你才能知道你以后努力的方向。

　　努力了，那也不一定就能够成功，但是不努力，就一定不会成功。如果努力一定会成功，那世界上的人就都成功了，因为每个人都努力过。努力的关键是，你要用心，用心观察交易过程中的每一个行为。

　　【图4-124】是之后的走势图。

图4-124　欧元兑美元小时走势图

　　由【图4-124】可以看出，价格突破上升趋势拐点线，执行卖出的交易计划后并没有展开快速下跌，而是很快形成了启明星反转形态。

　　之前的上升趋势非常强劲，虽然突破了上升趋势的拐点线，下跌的动力与震荡后的下跌动力完全不是一个级别。发生这样的情况，我们通常会采用资金管理来化解风险，因为价格突破下降趋势临时拐点线转多的止损空间太大。

　　我们决定不改变出牌规则，跟随趋势交易法交易系统发出的指令进行交易。

　　【图4-125】是之后的走势图。

图4-125 欧元兑美元小时走势图

由【图4-125】可以看出，价格已经突破下降趋势拐点线，并发出被动转多信号。

【图4-126】是之后的走势图。

图4-126 欧元兑美元小时走势图

由【图4-126】可以看出，趋势交易法交易系统给出了新的被动转多位置，我们可以以小的亏损完成转向，此时我们的心情就会比之前在高点止损较大时要轻松。我们可以接受小的亏损的交易，但是没有人愿意接受大的亏损的交易。

【图 127】是之后的走势图。

图4-127　欧元兑美元小时走势图

由【图 4-127】可以看出，价格突破被动转多位置，平仓之前的空头头寸，同时建立相应的多头头寸。

完成 13 笔交易后盈利曲线图，如【图 4-128】所示。

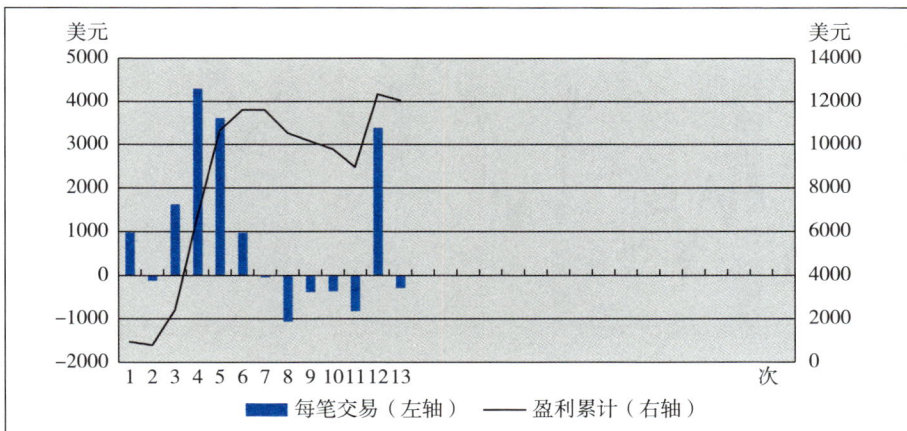

图4-128　13次交易的盈利曲线图

第14笔交易的准确率：（14−6）÷（30−13）=47%，如【图4−129】所示。

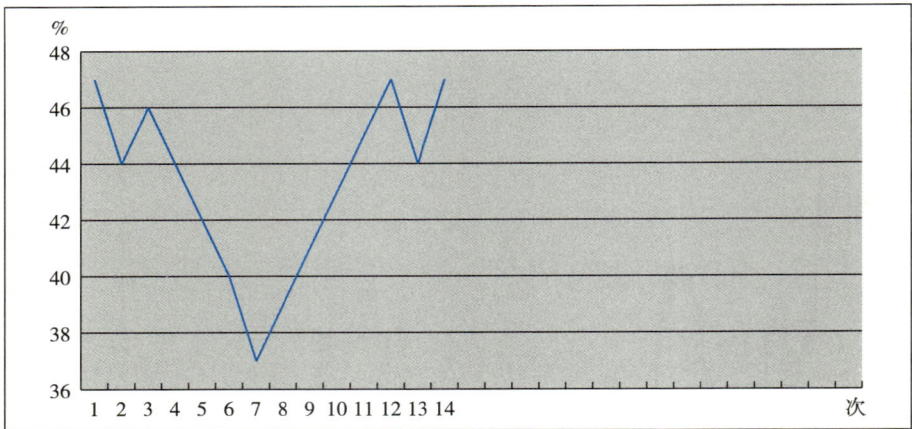

图4-129　每次交易盈利概率图

由【图4−129】可以看出，大的盈利后紧接着出现了一笔小的亏损，准确率曲线升至最高点。

【图4−130】是之后的走势图。

图4-130　欧元兑美元小时走势图

由【图 4-130】可以看出，价格在外延形成 3 点主动转向信号。

此时是否要采取逆势交易？由于统计预测这笔交易盈利的概率较大，不轻易采取主动转向的交易策略。

从【图 4-130】中可以看到即便价格跌破拐点线，我们的买单依然不会出现亏损，此时我们需要这样的心态：即便这个利润不要了，我也要用这笔交易来买一个市场的方向，那就是这个上升趋势是未来大的下降趋势的调整浪，在下降趋势中捕捉"大鱼"。

【图 4-131】是之后的走势图。

图4-131　欧元兑美元小时走势图

由【图 4-131】可以看出，上升趋势非常强劲，任何逆势卖出的投资者都将以失败而告终。

【图 4-132】是之后的走势图。

由【图 4-132】可以看出，整个上升趋势的三层 5 浪（父浪、子浪和孙浪）结构已经完整，预示上升趋势的顶部就在眼前，此时在高点执行卖出的交易计划的成功率会比较高。

图4-132　欧元兑美元小时走势图

习惯逆势交易的投资者，必须具备这样的结构分析技能，对波浪理论的主浪和调整浪的结构能够做到了如指掌，才能不被市场蹂躏，交易才不会变得那么辛苦。

如果你想让交易变得比较轻松，那就放弃逆势交易的思维习惯。你静静地想一想，你做交易为什么这么累？

原因就是害怕出现亏损的交易。交易过程中的任何行为，都是为了避免交易出现亏损，现实是亏损的交易像幽灵一样，无时无刻不伴随着你，不管人们采用什么方法，你永远甩不掉它们。

交易盈利了不一定好，交易亏损了也不一定坏。交易就像自然界一样，什么都是一阴一阳的产物，物极必反，盛极而衰。盈利的交易比作阳，那亏损的交易就是阴，亏损的交易（阴）和盈利的交易（阳）相互作用，相互依存，不可分割，否则就不是交易。

明白了这个道理，我们才能从内心接受亏损交易这个现实，在交易过程中不再去花费过多的精力规避亏损的交易，交易也就会变得较为轻松。

在【图 4-132】中，即便是我知道在高点卖出的成功率较高，我也不愿意去主动转向。因为主动转向时需要承受较大的心理压力，我认为的顶部不一定是真实的，它是以概率的形式出现的，我还是会依赖趋势交易法交易系统发出明确的信号来交易。

【图 4-133】是之后的走势图。

图4-133　欧元兑美元小时走势图

由【图 4-133】可以看出，价格已经突破上升趋势拐点线。

此时你会不会很懊恼，没能在顶部卖出？

贪婪的人就会有懊恼和自责的情绪，认为自己错过了在顶部卖出的机会。其实，你大可不必这样想。难道你没有可能在 3（5）当时认为的高点卖出吗？你没有可能在（3）当时认为的高点卖出吗？

只要你有逆势交易的习惯，其实，之前的很多点都可能是你的逆势卖出点。错一次你有改正的机会；错两次，你就会骂娘；错三次，你疯了。错的次数越多，你交易的成本就越高。过去的事情已经过去，坦然接受，因为时间不能倒流，过多的抱怨只会增加你下次失败的概率，对你的成功没有一点帮助。

【图 4-134】是之后的走势图。

图4-134 欧元兑美元小时走势图

由【图 4-134】可以看出，我们已经根据趋势交易法交易系统执行了卖出交易订单。这样的走势与之前的走势一样，你应该知道后边可能走出的形态。

同样是发生在强势上升趋势之后的转向，由于【图 4-134】中转向时未能突破 A 点，那么，它下跌的动能就弱，在此主动纠错，执行主动买入交易策略成功的概率更高，但是我不喜欢逆势交易，就不会采取主动转向的交易策略。

完成 14 笔交易后盈利曲线图，如【图 4-135】所示。

第 15 笔交易的准确率：（14-7）÷（30-14）=43%，如【图 4-136】所示。

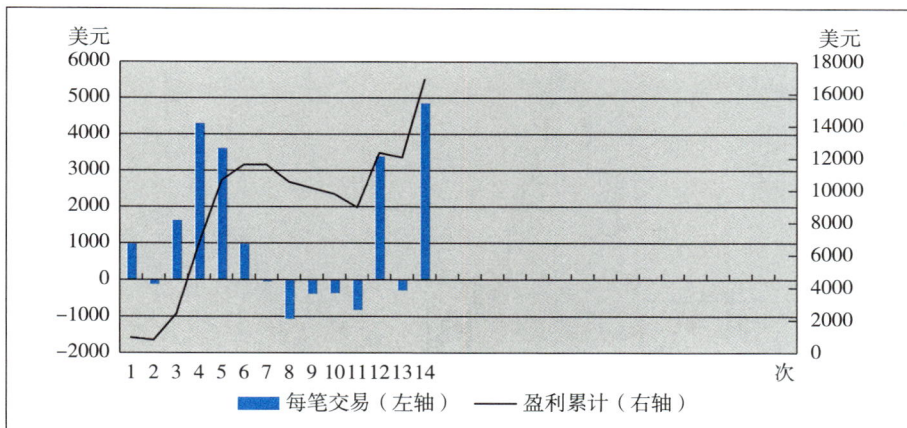

图4-135　14次交易的盈利曲线图

由【图4-136】可以看出，之前的两次"大鱼"之后，经历了连续的亏损状态，也就是进入盘整状态。

目前已经完成了两次大的行情（12和14），此时我们就要提前告知潜意识，做好下一次亏损的准备。

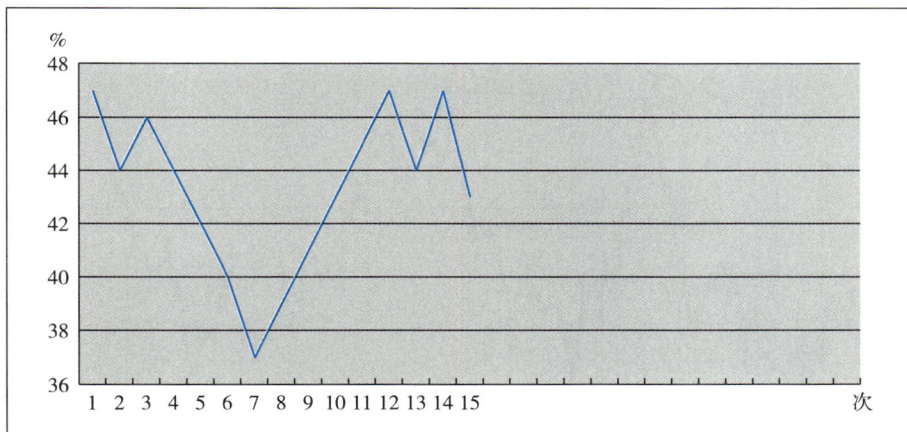

图4-136　每次交易盈利概率图

【图4-137】是之后的走势图。

图4-137　欧元兑美元小时走势图

　　由【图 4-137】可以看出，趋势交易法交易系统给出了被动转多交易信号。价格不突破被动转多位置，继续持有空头头寸。

　　【图 4-138】是之后的走势图。

图4-138　欧元兑美元小时走势图

由【图 4-138】可以看出，趋势交易法交易系统给出了新的被动转多位置。

【图 4-139】是之后的走势图。

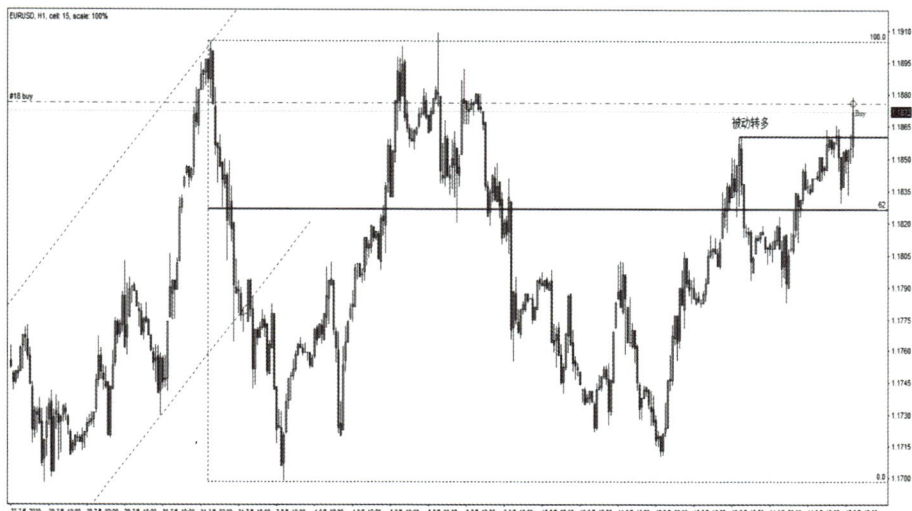

图4-139 欧元兑美元小时走势图

由【图 4-139】可以看出，价格突破被动转多位置。

依据交易系统发出的指令，及时止损，并建立相应的多头头寸。这笔交易的亏损比较大，因为行情振幅较大，所以我们接受这个亏损。

完成 15 笔交易后盈利曲线图，如【图 4-140】所示。

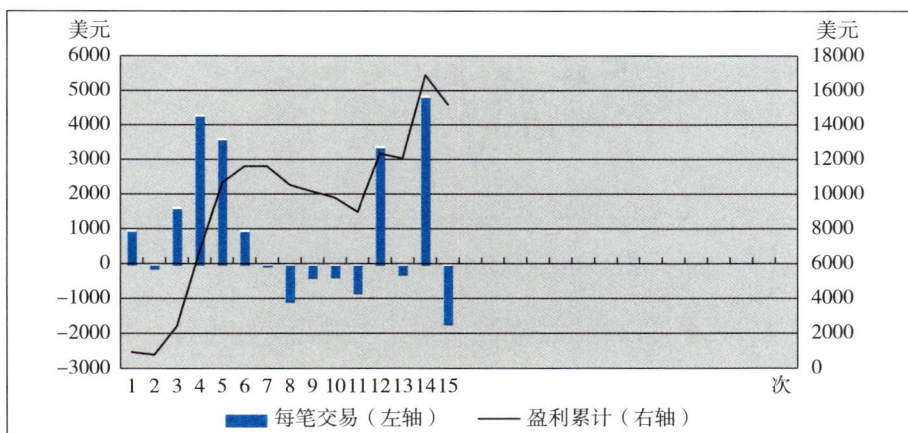

图4-140 15次交易的盈利曲线图

第16笔交易的准确率：（14-7）÷（30-15）=47%，如【图4-141】所示。

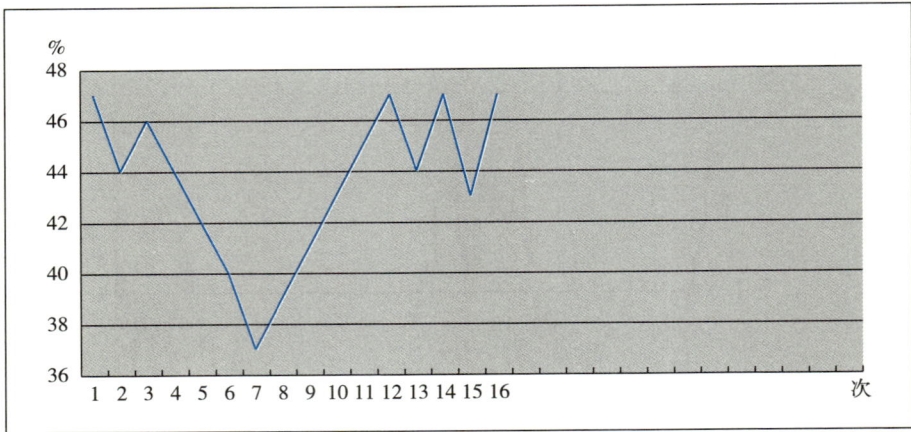

图4-141　每次交易盈利概率图

【图4-142】是之后的走势图。

图4-142　欧元兑美元小时走势图

由【图4-142】可以看出，价格突破了上升趋势拐点线，并形成了启明星反转形态，趋势交易法交易系统给出被动转空位置。

【图4-143】是之后的走势图。

图4-143　欧元兑美元小时走势图

在之前的几次突破被动转空位置时，价格都收回位置之上，没有给出卖出的交易信号。【图4-143】可以很清楚地看出扩张三角形形态。出现这样的走势，再次突破被动转空位置时，就要及时转向做空。

【图4-144】是之后的走势图。

图4-144　欧元兑美元小时走势图

由【图 4-144】可以看出，价格已经再次突破并收市于被动转空位置之下，由于出现了扩张三角形，此时我们不能有任何的犹豫，及时平仓并建立新的空头头寸，这叫察言观色。

完成 16 笔交易后盈利曲线图，如【图 4-145】所示。

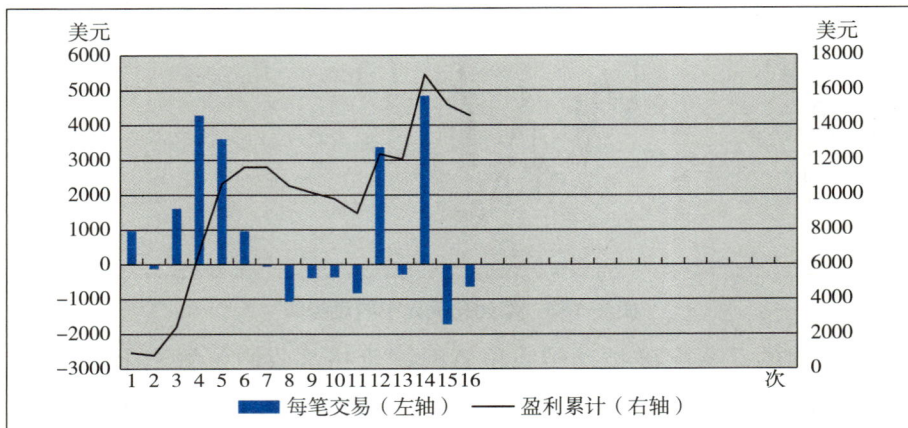

图4-145　16次交易的盈利曲线图

由【图 4-145】可以看出，目前已经完成了 4 个大的盈利。

根据统计，我们知道外汇市场每年都会有 5 波大的上升或下降趋势，那么最后一个行情会发生在什么时间呢？

你要有这样的心理准备：一个行情的诞生，需要 5~8 次小的亏损或盈利来做铺垫，最后一个行情也不会轻易让你得到，尤其是在每年的后半段交易时间，越靠近年底，行情出现巨幅震荡的概率就越高，你要做好连续亏损的心理准备。在心理上有了这样的暗示后，一旦出现了这样的结果，心里也不会感到意外。

第 17 笔交易的准确率：（14-7）÷（30-16）=50%，如【图 4-146】所示。

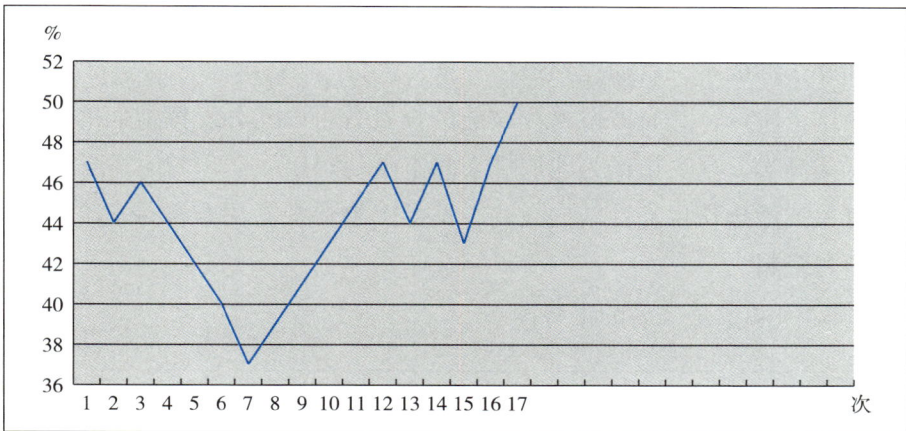

图4-146　每次交易盈利概率图

【图 4-147】是之后的走势图。

图4-147　欧元兑美元小时走势图

由【图 4-147】可以看出，完成扩张三角形调整浪，价格就会展开快速的下跌，一旦错过卖出的点位，就可能没有勇气再入场卖出，所以要学会察言观色。

　　根据之前的数据分析，不要指望本次交易能走出大的交易行情，让你花费如此小的成本，就捕捉到最后一条"大鱼"。

　　在这个阶段，具有波段操作技能的投资者可以充分发挥他们的用武之地，低买高卖，享受市场为他们带来的丰厚利润。

　　有关波段操作主动性转向技巧，请参阅趋势交易法布鲁克学院官网的理论学习资料。

　　【图4-148】是之后的走势图。

图4-148　欧元兑美元小时走势图

　　由【图4-148】可以看出，价格已经突破下降趋势拐点线，并形成被动转多交易信号。

　　之前的上升和下跌都是3浪结构，进一步验证了从上一次大的趋势之后，行情已经进入了横盘震荡整理阶段。

　　如果确认行情已经进入震荡行情，而且已经进入每年的9月（通常是交易员休假时间段），我通常会给自己放假。最后一条"大鱼"不要也罢，因为获得这条"大鱼"的成本会比较大，花3~4个月的时间成本，不值得。

为什么每年交易员都会找时间给自己放假?

因为交易过程中我们要承受巨大的压力,不管你是成功者还是失败者,所承受的压力是一样的。因此,需要一个释放压力的时间和场所。

寻找一个你理想的休闲胜地,抛开一切与交易有关的信息,陪伴着家人,享受大自然的美丽和家庭的幸福与快乐。

经过一段时间的休息,压力彻底释放。再回到交易桌旁,你就会感到一个完全不一样的你,开始新的一年的交易生活。

【图 4-149】是之后的走势图。

图4-149　欧元兑美元小时走势图

由【图 4-149】可以看出,价格突破被动转多位置,依据趋势交易法交易系统发出的指令,平仓之前的空头头寸,同时建立新的多头头寸。

之前我们学会了察言观色扩张三角形,同样也要学会察言观色 abcde 调整浪。【图 4-149】中出现了 abcde 横向整理调整浪,突破被动转多位置,就要及时转向,不可延误战机。

完成 17 笔交易后盈利曲线图,如【图 4-150】所示。

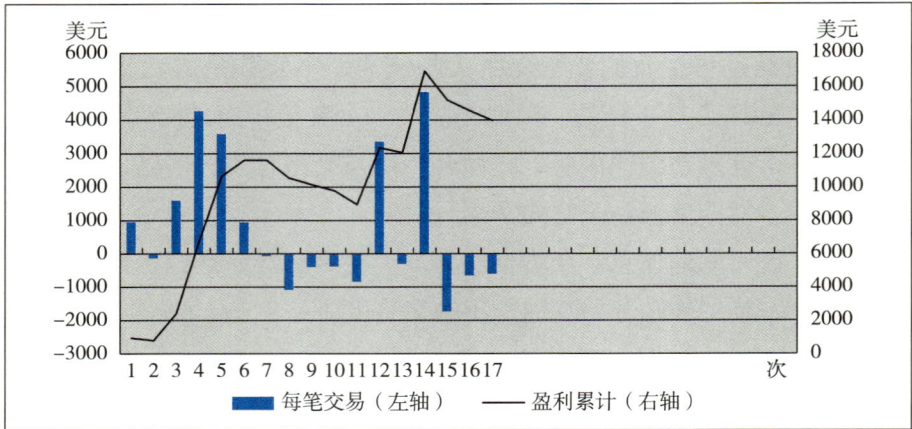

图4-150 17次交易的盈利曲线图

由【图4-150】可以看出，大的盈利之后已经完成3次盘整行情，走出黑暗区，还需2~5次这样的交易。

第18笔交易的准确率：（14-7）÷（30-17）=54%，如【图4-151】所示。

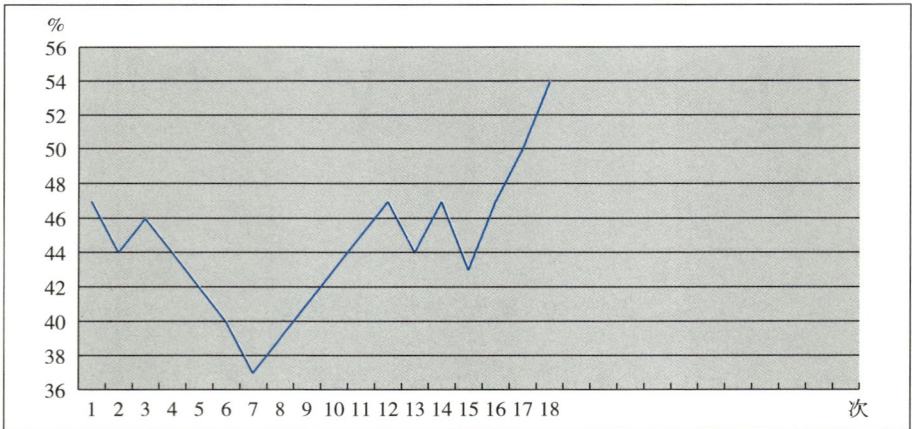

图4-151 每次交易盈利概率图

由【图4-151】可以看出，盈利概率曲线快速上升，预示盈利的交易很快会到来。

【图4-152】是之后的走势图。

图4-152　欧元兑美元小时走势图

在【图4-152】中出现海底捞月 K 线反转形态，之后又出现了补缺，强烈的反转信号，执行主动转向成功的概率会比较高。

为了证明趋势交易法交易系统的盈利能力，我们选择等待价格突破上升趋势拐点线后，再执行卖出的交易策略。

【图1-153】是之后的走势图。

图4-153　欧元兑美元小时走势图

由【图 4-153】可以看出，上升趋势又在 3 浪夭折，再进一步确认目前就是一个巨幅的震荡行情走势。

在巨幅震荡行情中，能够达到少亏或不亏，是趋势交易法交易系统设计的主要原则。所以，在巨幅震荡行情中，你不要给潜意识赚大钱的错误信息，能够不亏或少亏，就是交易的胜利。我们必须保持这样的心态，才能有信心按照交易系统去执行交易计划。否则，每笔交易都会自责、怨恨和愤怒，因为市场让你不停地坐过山车。

我不会有任何自责和惋惜，因为自始至终我都在坚持按照趋势交易法交易系统发出的指令来进行交易，是全部指令，而不是有选择地执行指令，所以这样的结果，即便是亏损我也接受。

如果你有在最高点获利了结并同时卖出获得最大利润的想法，就会不知不觉地进入逆势交易的思维模式，最终，交易失败将是必然事件。

完成 18 笔交易后盈利曲线图，如【图 4-154】所示。

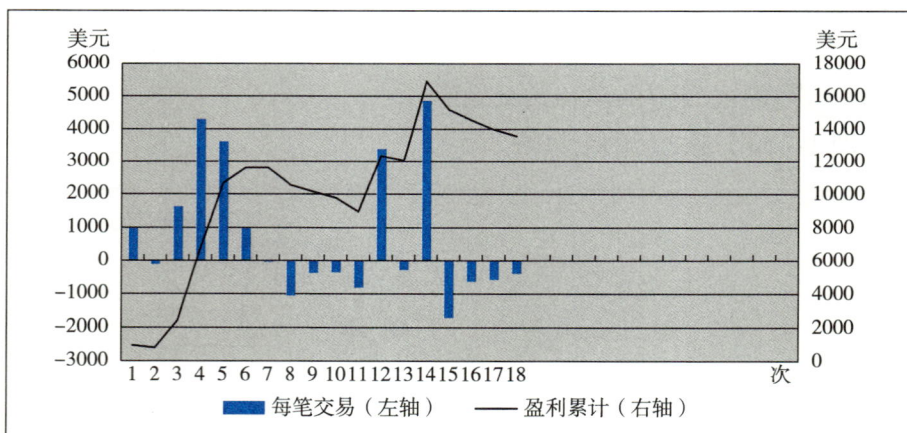

图4-154   18次交易的盈利曲线图

由【图 4-154】可以看出，之前两个大的趋势之间经历的震荡次数为 6 次，第一次与最后一次大的趋势之前经历了 9 次交易，那么我们就可以推断距离下一次大的行情还将经历至少 5 次这样的交易，在心理上还要考虑行情是盘整而不是趋势。

第 19 笔交易的准确率：（14-7）÷（30-18）=58%，如【图 4-155】所示。

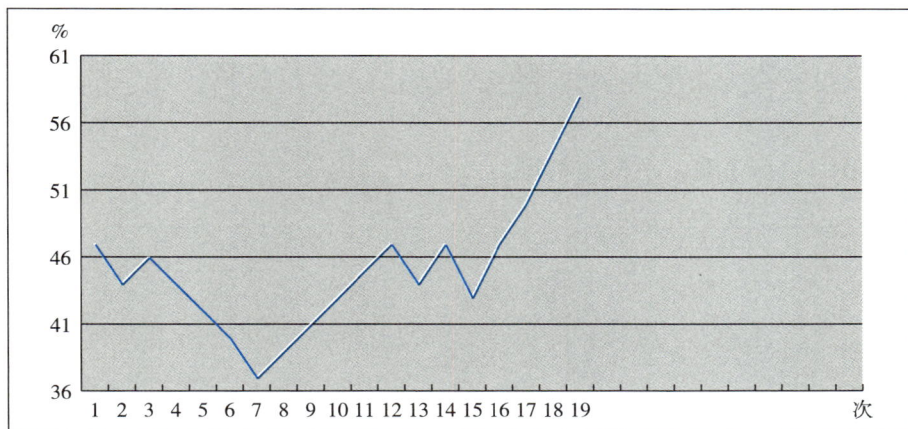

图4-155　每次交易盈利概率图

【图 4-156】是之后的走势图。

图4-156　欧元兑美元小时走势图

由【图 4-156】可以看出，行情再次形成 3 浪，并出现 K 线反转形态。连续出现 3 浪结构，此时出现 K 线反转，逆势交易的成功率就比较高。

我给出这些逆势交易的信号，并不是鼓励你去逆势交易，而是想通过不断地讲述这些逆势交易，让你清楚什么地方可以逆势交易，什么地方不能逆势交易。

我们仍然不采取主动转向的交易策略，等待价格突破下降趋势拐点线。

【图4-157】是之后的走势图。

图4-157　欧元兑美元小时走势图

由【图4-157】可以看出，价格已经突破下降趋势拐点线，但是趋势交易法交易系统并没有发出买入信号，我们就耐心等待转向信号的出现。

出现【图4-157】中的快速上升，让很多投资者立刻就慌了神，担心价格一直上升不回头，自己持有的空头头寸亏损越来越大，往往会执行冲动的买入决策。

其实，你大可不必慌张，为什么？

你要有这样的心理暗示：每年有5次大的行情属于你是确定性事件，当然你必须100%执行交易系统发出的所有指令，即便这次交易真的不回头，极限也就是将其中的一次大的趋势利润退回给市场，仍然有4次"大鱼"归你，一年的盈利累计不会让你出现负数。再有，没有永远上涨不下跌的行情，也没有永远下跌不上涨的行情。上涨时，市场一定会为你提供买入的机会；同样，下跌时，市场也一定会为你提供卖出的机会。

以上的心理暗示，目的是让自己做到遇事不惊、不乱于心和张弛有度。一个人如果能做到通达于理，就会知道事物的变化规律，可以提前做好各种应变的准备，从而处事不惊，从容淡定，而不是被动地等待结果发生了，才亡羊补牢。

市场的涨跌，自然规律，不可逆转。要学会耐心等待，顺其变化，无所抗拒，在等待中磨炼锐气，在等待中寻找机会。在交易机会出来之前，稍安毋躁，耐心等待。

【图4-158】是之后的走势图。

图4-158　欧元兑美元小时走势图

由【图4-158】可以看出，经过耐心等待，市场为我们提供了被动转向位置。如果价格再次突破黄昏星的高点，我们就将平仓转向做多。

【图4-159】是之后的走势图。

图4-159 欧元兑美元小时走势图

由【图4-159】可以看出，如果我们没有耐心等待，情绪失控而匆匆入市，我们的买单将被悬挂在高高的"山顶上"，短时间内没有翻身的机会。

【图4-160】是之后的走势图。

图4-160 欧元兑美元小时走势图

由【图4-160】可以看出，价格已经突破下降趋势拐点线。

与之前出现过的情况一样，突破拐点线后，我们需要耐心等待，不急于入场，避免将买单挂在高空，形成被动的交易局面。

经过多次的3浪结构走势，我们始终没有获利了结的机会，也就是无法把浮动的利润收入囊中。这是任何一个以趋势跟踪为设计指导思想的交易系统无法克服的客观存在，我们接受它的优点的同时，也必须接受它的缺点。

【图4-161】是之后的走势图。

由【图4-161】可以看出，经过耐心的等待，出现了被动转多的转向位置，我们只需耐心等待市场突破。

图4-161 欧元兑美元小时走势图

【图4-162】是之后的走势图。

看过蜡烛图技术分析的投资者，对每根K线形态的内在含义都有比较深刻的了解。看到【图4-162】中最后一根大的K线，就认为市场会上涨，在价格没有突破被动转向位置时，匆匆入市买入。

独立看待K线的技术分析方式是有问题的。

K线技术分析必须结合市场的位置，才会发挥它的技术作用，否则，你会被K线引领走入交易的迷宫，没了交易的方向。

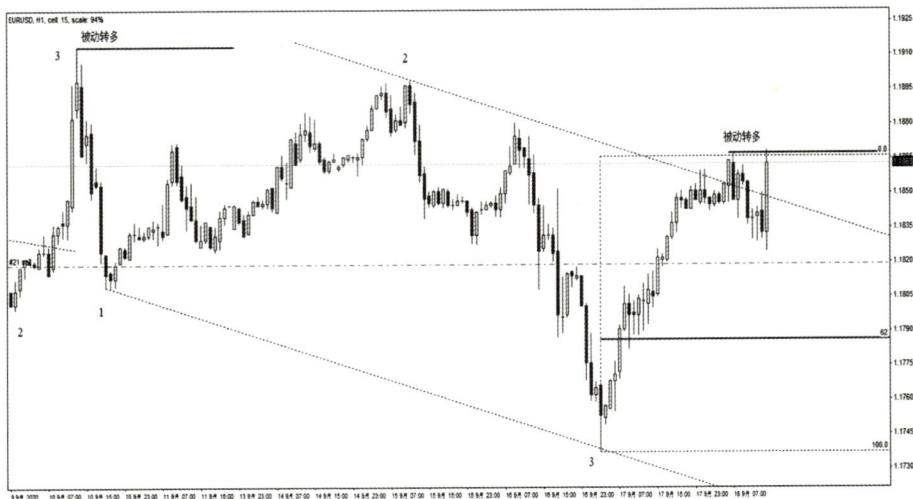

图4-162　欧元兑美元小时走势图

造成急于入市的根源，还是惧怕亏损造成的。不想持有的头寸由盈利变为亏损，或不想持有的头寸亏损越来越大等因素，都会加强你匆匆入市的冲动。

保持平常心，听从趋势交易法交易系统的指令，不要自作聪明跑在交易系统的前面，你就不会出现被动的交易局面。

【图 4-163】是之后的走势图。

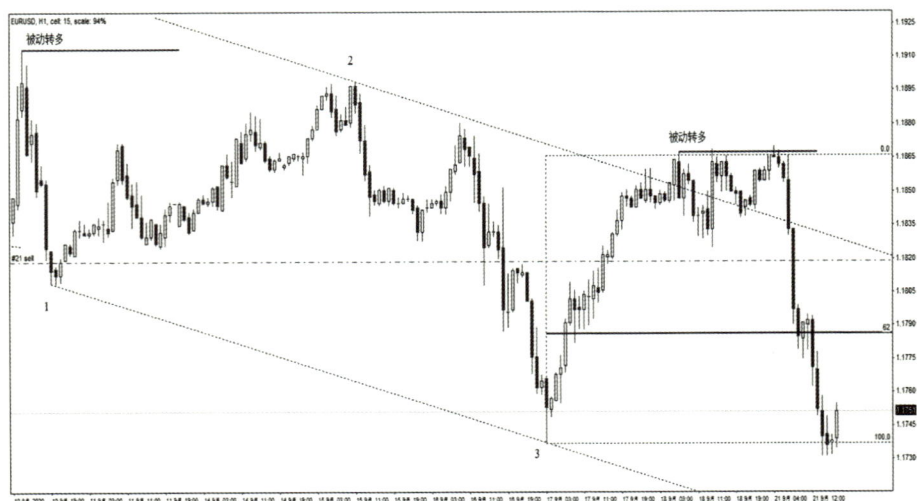

图4-163　欧元兑美元小时走势图

由【图4-163】可以看出，如果一时冲动在价格突破拐点线就匆匆入市，买入订单就被高高地挂在了天空，此时你会怎么做？

如果没有设定止损的话，很多人的选择是底部加码再次买入，摊薄成本。

我把这个交易行为比作大妈买菜行为，刚在东菜市场买的西红柿1.5元一斤，到了西菜市场发现这里都卖1元一斤，大妈的第一反应就是再买两斤，只有这样，回到家里才会感觉到舒服一点，没有吃太大的亏。通过摊薄成本，减轻心理压力和痛苦。

在交易领域，逆势加码摊薄成本的行为，是成功者的交易大忌，因为逆势交易的归宿是爆仓。

【图4-164】是之后的走势图。

图4-164　欧元兑美元小时走势图

看到【图4-164】的走势图之后，你是否还有再次加码的勇气？

如果你有勇气加码，那这个地方就不是底部；如果没有了勇气加码，那这个地方就是底部。市场就是这么奇怪和诡异，总是让你一会儿看得清楚，一会儿又会让你在雨里雾里找不着"北"。

交易系统的好处是，它永远是我交易方向的指南针，这是我可以永远相信和依赖它的根本原因。

【图4-165】是之后的走势图。

图4-165　欧元兑美元小时走势图

看到【图4-165】的走势图之后，你是否还有再次加码的勇气？

也许经过之前多次逆势买入的挫折，你已经没有了买入的胆量，反而在找回调的机会止损卖出。人们没有胆量买入的位置，就是市场的底部，【图4-165】中出现的海底捞月K线反转形态，就是重要的底部信号。

【图4-166】是之后的走势图。

图4-166　欧元兑美元小时走势图

由【图4-166】可以看出，价格突破下降趋势拐点线后，我们仍然要耐心等待转向位置的出现，而不是一突破就执行买入的交易计划。

【图4-167】是之后的走势图。

图4-167　欧元兑美元小时走势图

由【图4-167】可以看出，价格已经突破被动转多位置，及时平仓并反向买入。

完成19笔交易后盈利曲线图，如【图4-168】所示。

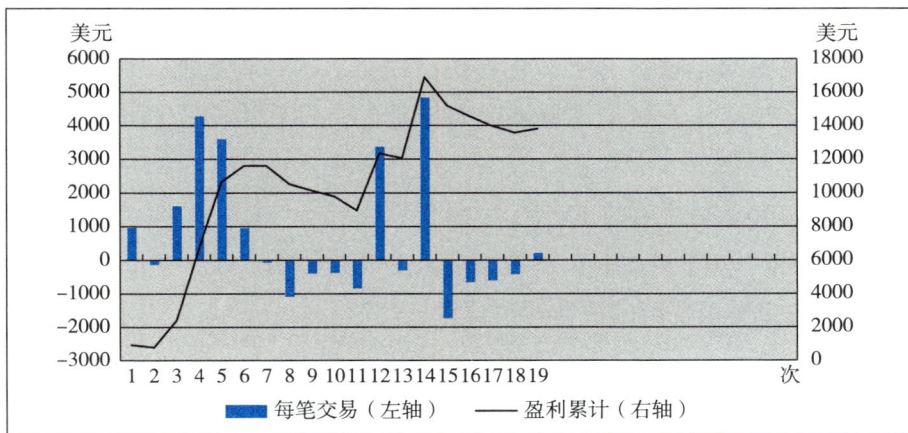

图4-168　19次交易的盈利曲线图

由【图 4-168】可以看出，完成最后一次大的盈利之后，经历了 5 次盘整行情，这是暴风雨来临之前的宁静。

第 20 笔交易的准确率：（14-8）÷（30-19）=54%，如【图 4-169】所示。

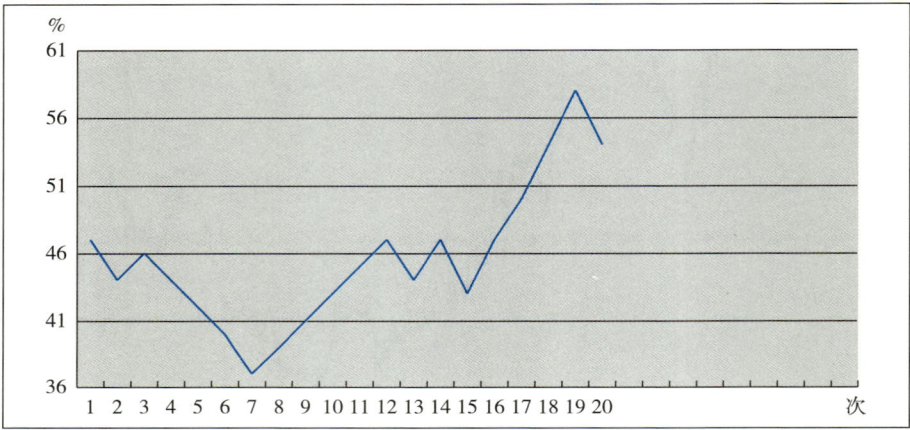

图4-169　每次交易盈利概率图

通过以上交易过程的展示，你是否对亏损的交易在心里有了新的定义？

如果答案是肯定的，那就证明通过阅读，这样的理念已经被你的潜意识所接受，我相信在以后的交易中，你的心态会有一个质的改变，你就可以在健康的心理状态下，充分展示你交易的各种技能，展现你的交易天赋，这些交易天赋是你从来没有发现的，这就说明了环境改变的重要性。

【图 4-170】是之后的走势图。

由【图 4-170】可以看出，价格突破上升趋势拐点线，并形成启明星，趋势交易法交易系统给出被动转空位置。

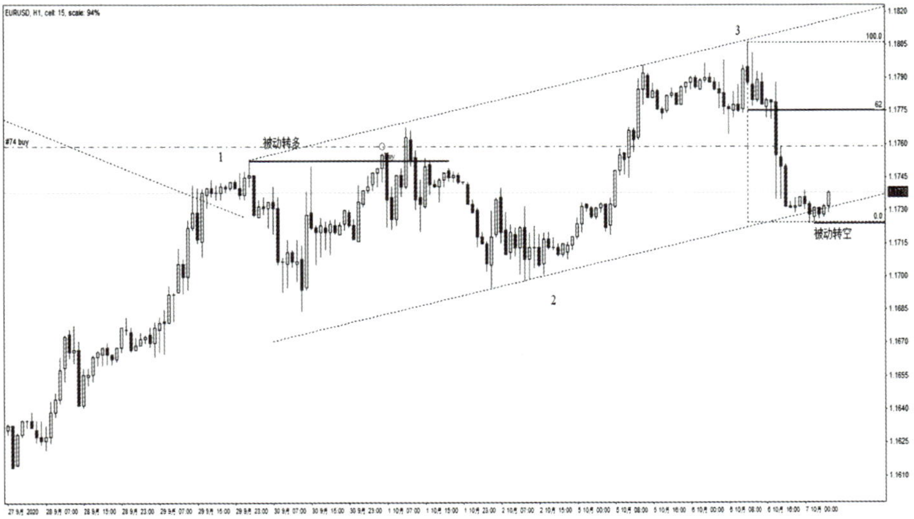

图4-170 欧元兑美元小时走势图

【图 4-171】是之后的走势图。

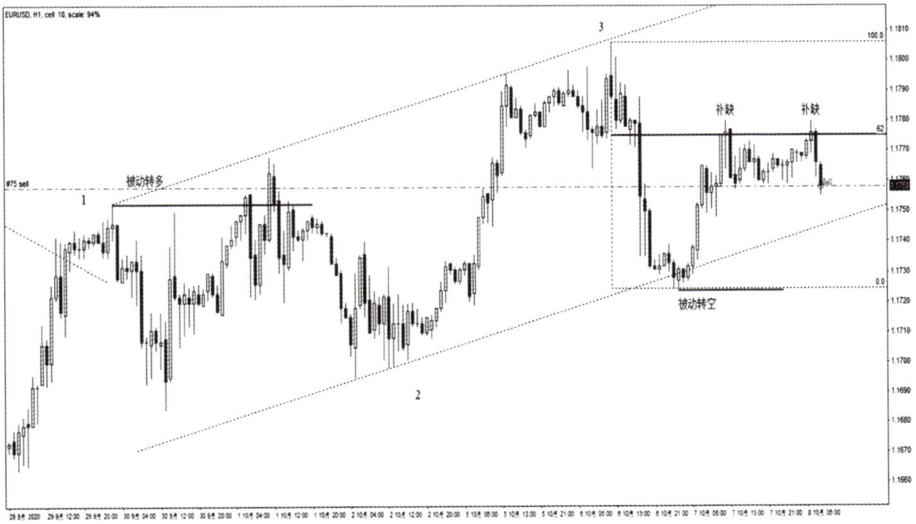

图4-171 欧元兑美元小时走势图

由【图 4-171】可以看出，62% 位置出现两次补缺，交易系统给出系统主动（非人为）卖出交易信号。我们需要及时平仓之前的多头头寸，并建立相应的空头头寸。

完成 20 笔交易后盈利曲线图，如【图 4–172】所示。

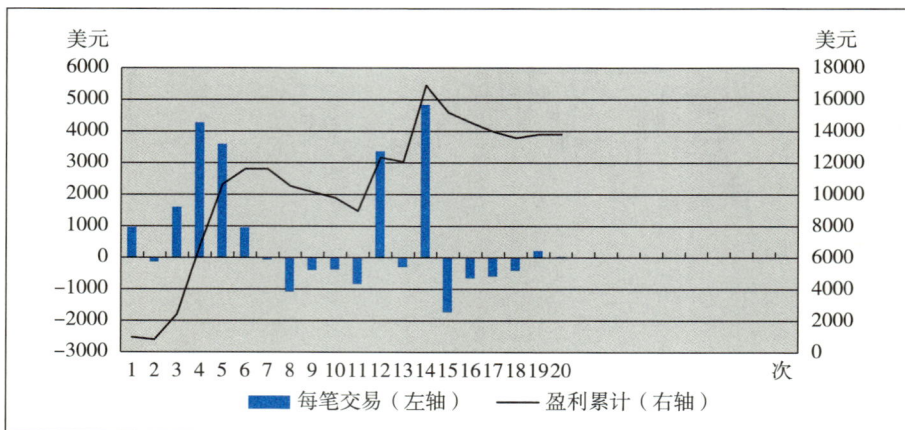

图4-172 20次交易的盈利曲线图

第 21 笔交易的准确率：（14–9）÷（30–20）=50%，如【图 4–173】所示。

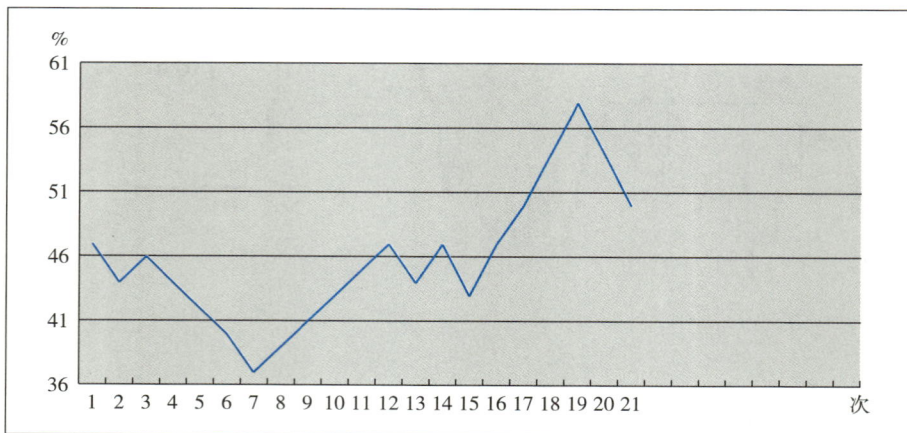

图4-173 每次交易盈利概率图

【图 4–174】是之后的走势图。

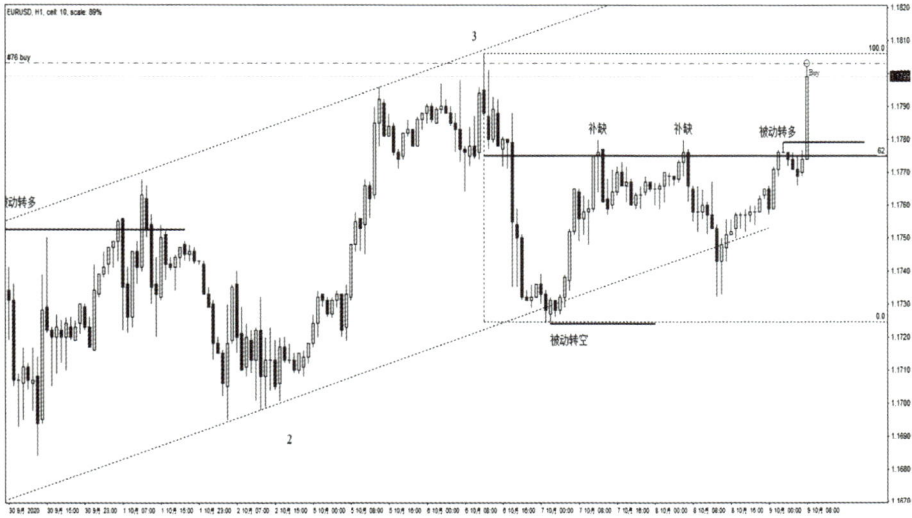

图4-174　欧元兑美元小时走势图

由【图 4-174】可以看出，价格突破被动转多位置，我们需要及时止损，并立刻建立相应的多头头寸。由于价格距离最高点较近，也可以延时至突破最高点后再转向，对交易的结果影响有限。

完成 21 笔交易后盈利曲线图，如【图 4-175】所示。

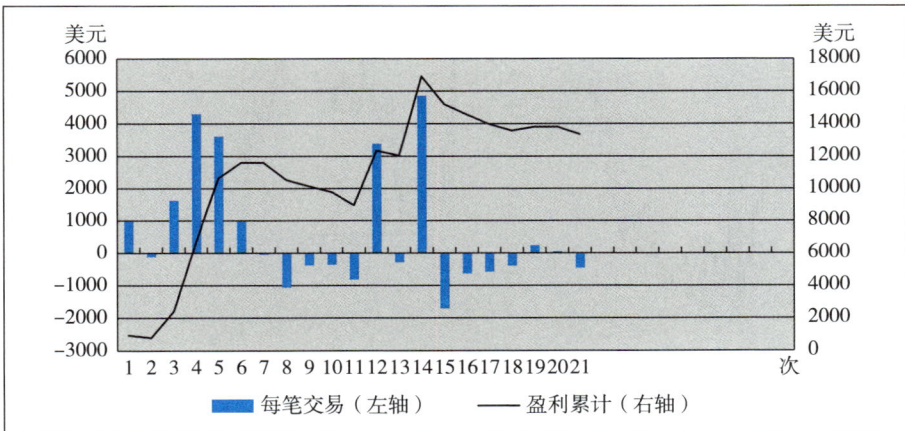

图4-175　21次交易的盈利曲线图

第 22 笔交易的准确率：（14−9）÷（30−21）=56%，如【图 4−176】所示。

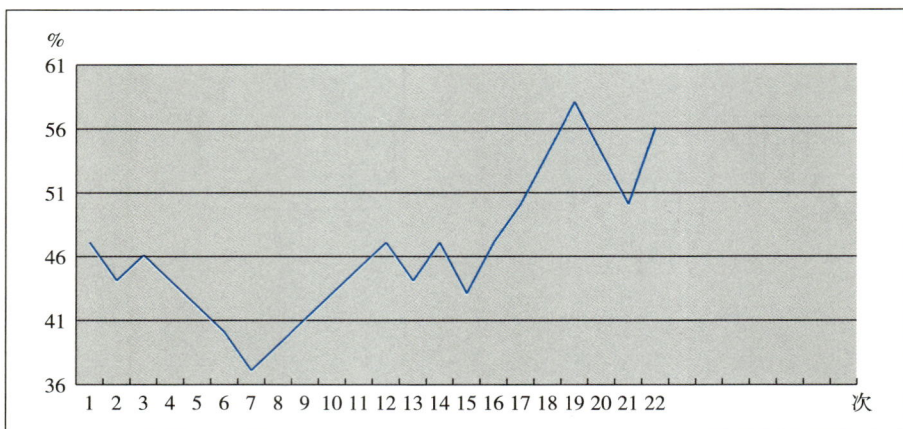

图4-176　每次交易盈利概率图

【图 4−177】是之后的走势图。

图4-177　欧元兑美元小时走势图

【图 4−177】出现了跳空低开的情况。

通常的思考：跳空低开，寻找机会卖出；跳空高开，寻找机会买入。

目前是跳空低开，我们就要看行情是否有机会补空，或出现 abcde 调整浪，捕捉卖出的机会。

【图 4–178】是之后的走势图。

图4–178　欧元兑美元小时走势图

如果你没有跳空低开的交易思维，看到【图 4–178】的走势，很容易得出 abc 调整浪，未来上升趋势的错误信息。尤其是最后一根上升锤子线，会让你更坚定 abc 调整浪，未来上升的看法。

如果你的潜意识信息是下跌，那么得到的信息就是扩张 abcde，而且最后一根上升锤子线就是调整浪 e，是最佳的卖出机会。

不同的潜意识方向，得到不同的交易信息。

【图 4–179】是之后的走势图。

由【图 4–179】可以看出，上升锤子线后，也就是调整浪 e 完成后，展开了快速下跌走势。如果方向判断错误，一旦出现这样的下跌，你就会产生恐惧的心理，出现冲动交易。

我们等待趋势交易法交易系统发出交易信号后，再执行买卖计划。

图4-179　欧元兑美元小时走势图

【图 4-180】是之后的走势图。

图4-180　欧元兑美元小时走势图

由【图 4-180】可以看出，价格突破了上升趋势线，并形成启明星，交易系统给出被动转向位置。

【图4-181】是之后的走势图。

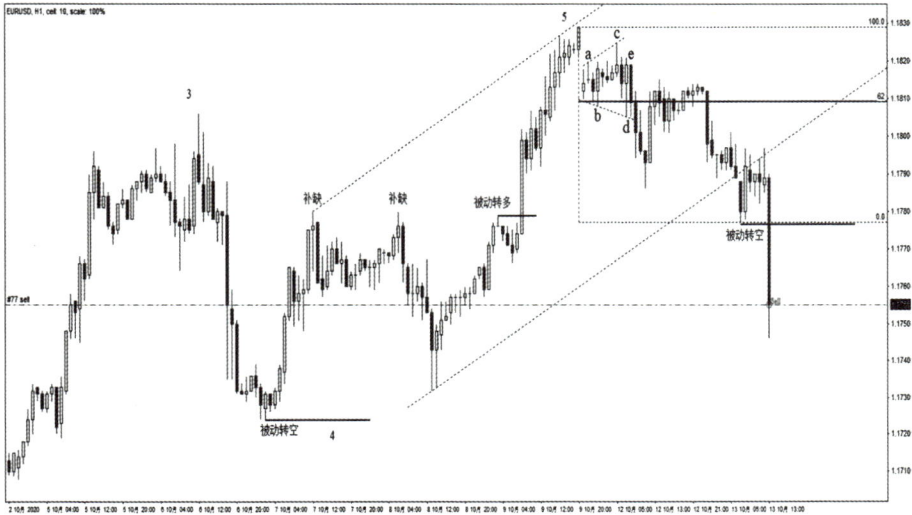

图4-181 欧元兑美元小时走势图

完成22笔交易后盈利曲线图，如【图4-182】所示。

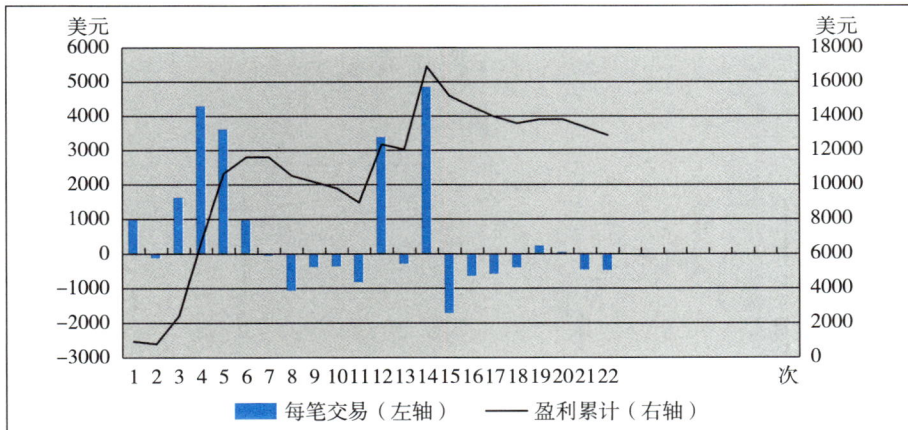

图4-182 22次交易的盈利曲线图

第 23 笔交易的准确率：（14–9）÷（30–22）=62.5%，如【图 4–183】所示。

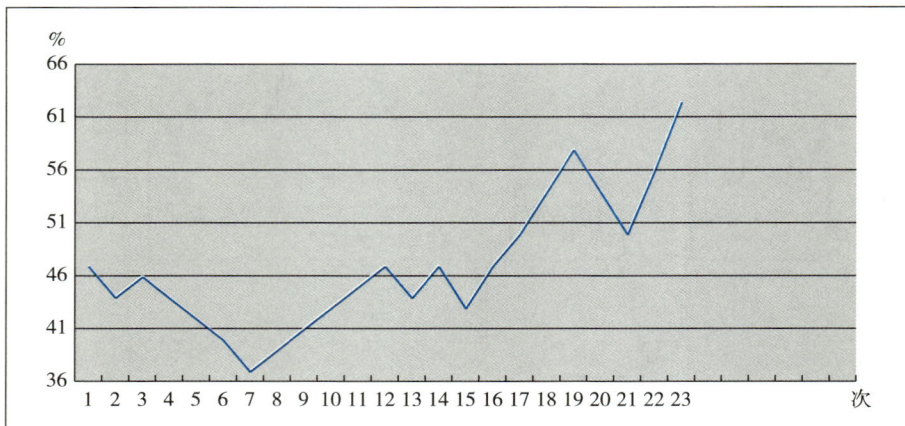

图4–183　每次交易盈利概率图

【图 4–184】是之后的走势图。

图4–184　欧元兑美元小时走势图

出现【图 4-184】中的连续大的阳线,你是否会有买入的冲动?

一定会有,只要你是人。

要买入的人,就会去找买入的理由;要卖出的人,就会去找卖出的理由。

如果你的意识中是买入的想法,你就会说:"价格到达之前的低点,并形成快速上升,底部迹象非常明显。"

如果意识中是卖出的想法,你就会说:"前后调整浪结构具有相似性,因为之前的调整浪是扩张 abcde,那么现在是扩张 abcde 是大概率事件,也就是未来下跌是大概率事件。"

【图 4-185】是之后的走势图。

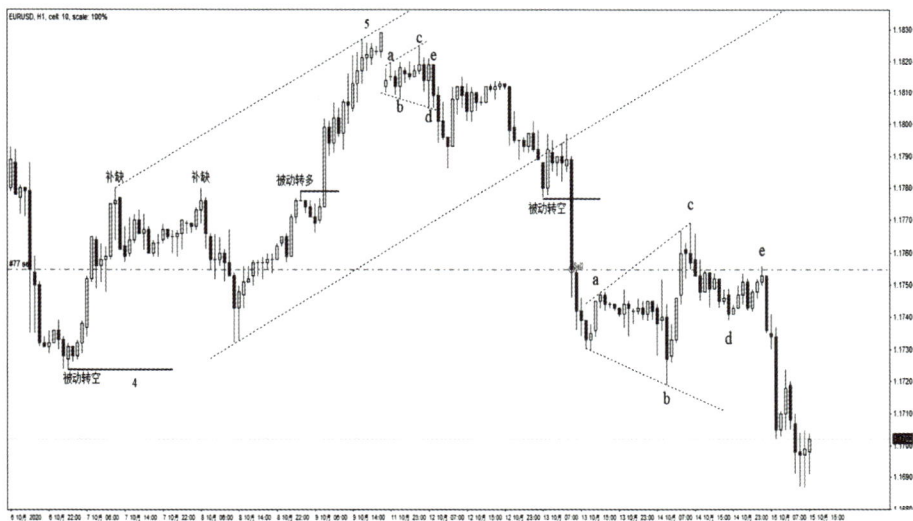

图4-185　欧元兑美元小时走势图

由【图 4-185】可以看出,完成扩张 abcde 调整浪之后,展开了快速下跌走势,前后调整浪都是扩张三角形结构。

【图 4-186】是之后的走势图。

由【图 4-186】可以看出,价格已经突破下降趋势拐点线,并给出了被动转多转向信号。

图4-186　欧元兑美元小时走势图

【图 4-187】是之后的走势图。

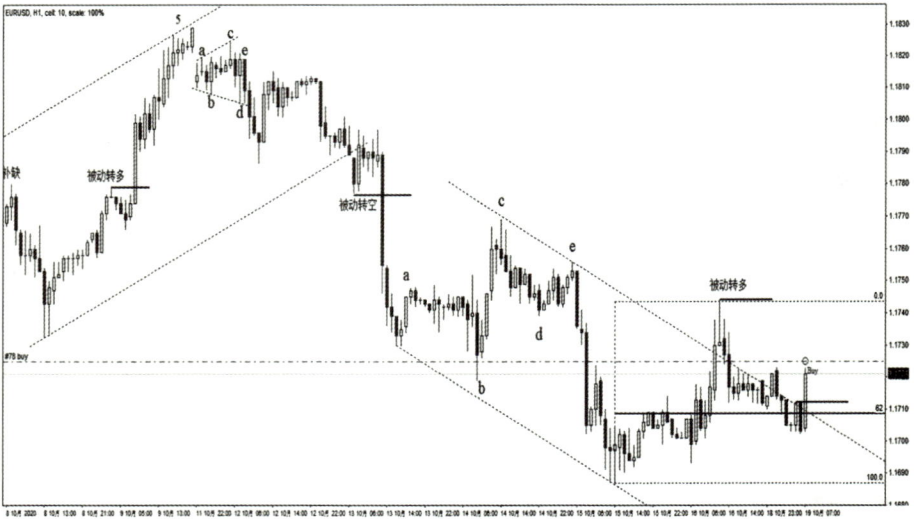

图4-187　欧元兑美元小时走势图

由【图 4-187】可以看出，趋势交易法交易系统给出了 62% 主动转向信号，我们及时平仓之前的空头头寸，并同时建立新的多头头寸。

完成 23 笔交易后盈利曲线图，如【图 4-188】所示。

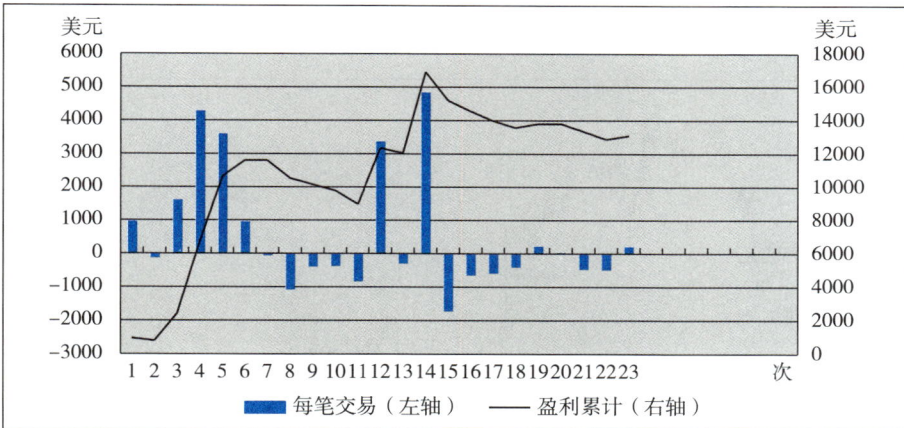

图4-188　23次交易的盈利曲线图

由【图4-188】可以看出，第二次大的行情与第三次大的行情之间经历了 6 次小的亏损或盈利，在第 4 次大的行情完成之后，已经经历了 9 次震荡，通过概率分析，我们可以预测第 5 次大的行情即将到来。

你要做好这样的心理准备，在大的行情启动后，就要消灭潜意识中逆势交易的负能量，顺势交易，与市场共舞。

第 24 笔交易的准确率：（14-10）÷（30-23）=57%，如【图 4-189】所示。

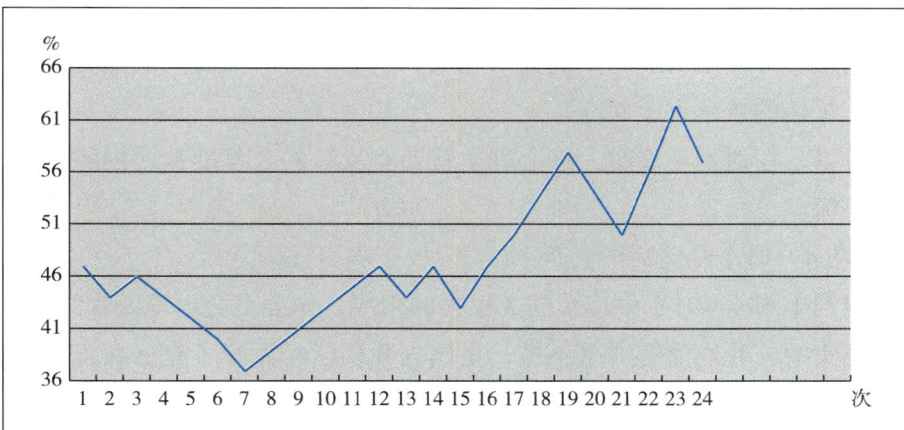

图4-189　每次交易盈利概率图

【图4-190】是之后的走势图。

图4-190　欧元兑美元小时走势图

【图4-190】中出现了连续3根大的阳线，并突破了之前的被动转多位置。

出现这样的走势，你应该这样思考：连续大的阳线是主升浪，通常在完成连续5根时进入调整浪，极限是连续7根阳线。

5和7在交易中是很神奇的数字，同级别或不同级别进入5浪后，市场反转的概率都会很高。7的数字就更为神奇，逢7必变，行情运行至7浪时，反转的概率大于90%。

所以，在遇到7浪时，你心理上就要有反转的心理准备，提前布局，遇事不慌。

【图4-191】是之后的走势图。

遇到【图4-191】中连续的5根大的阳线，你会不会出现慌张？

现实中，我们能够遇事不慌，是因为我们已经做好了充分准备，相信自己的能力可以应对各种可能的结果，胸有成竹。

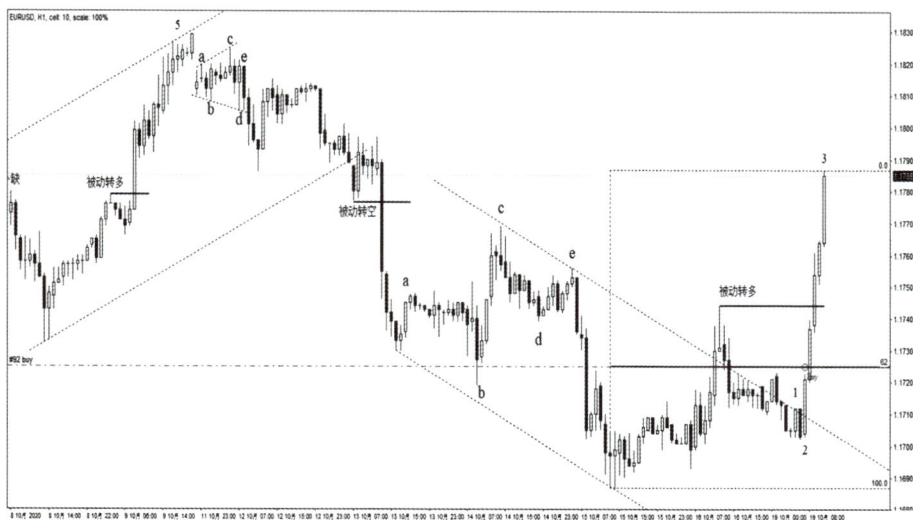

图4-191 欧元兑美元小时走势图

交易也是一样，如果你知道行情之后的各种可能性，你就会心里安定，不慌不忙地应对市场的各种变化。市场的本质不会变，变化的是市场的形式，表现为不同的 K 线。

出现连续 5 根 K 线，那么我们就有这样的心理暗示：3 浪结束，将运行浪 4 和浪 5。通过浪 2 是一根阴线，断定浪 4 也是一到两根 K 线的调整时间。

有了这样的心理暗示，就去观察行情的走势，一旦出现偏离自己想法的走势，你就知道行情要变天。

【图 4-192】是之后的走势图。

由【图 4-192】可以看出，果然与你的想法一致，5 根连续阳线之后出现了一根阴线，你就可以坚定你最初对市场的判断。

你可以很容易判断出下一根 K 线是阳线。如果下一根 K 线不是阳线，你就要重新思考和修正你最初的想法。

【图 4-193】是之后的走势图。

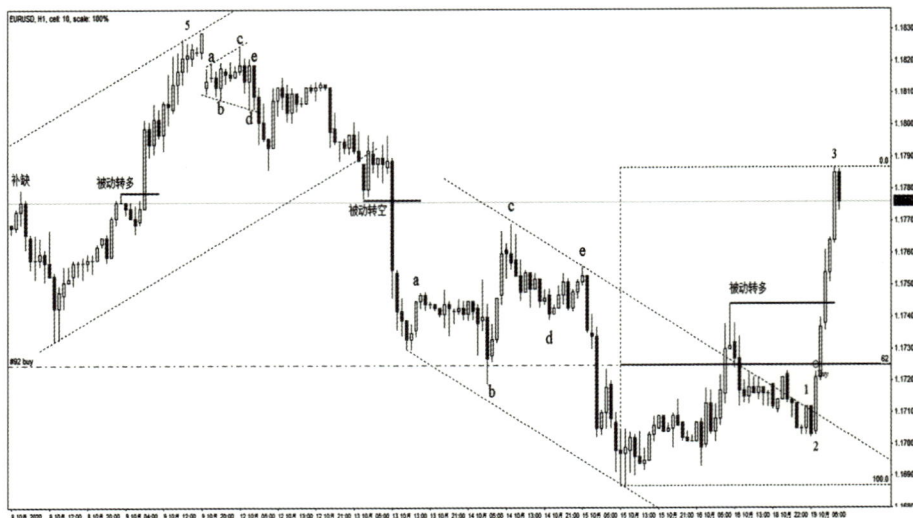

图4-192　欧元兑美元小时走势图

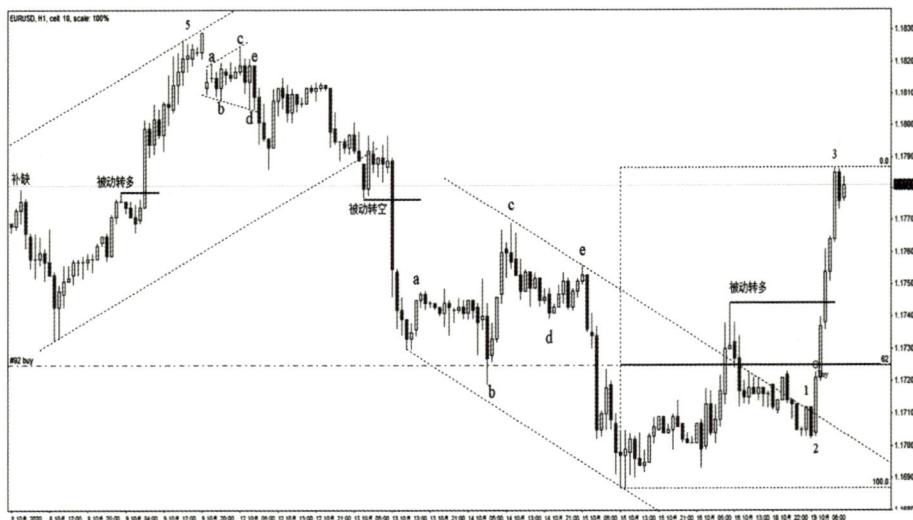

图4-193　欧元兑美元小时走势图

【图4-193】中出现了一根阳线，与预期的一致，就继续最初的想法，等待市场完成浪4和浪5的走势。

【图4-194】是之后的走势图。

图4-194　欧元兑美元小时走势图

由【图4-194】可以看出，与我们预期的一致，你对市场判断的自信心不知不觉就进入潜意识。

最后一根 K 线扮演了两个角色，既扮演浪 5，又扮演之后的调整。如果我把周期降低至 30 分钟，你就会看得比较清楚，如【图 4-195】所示。

图4-195　欧元兑美元小时走势图

行情的运行是一级一级进行的，完成一个小级别的行情后，就会进入更高一个级别的运行空间中。小5浪完成，反转是大概率，预示行情将进入更大级别的运行空间中。那么我们就要把重心放在被动转多的位置之后出现的abc调整浪身上，可以从这个结构中捕捉到之后走势的相应信息。

之前的abc调整了17个小时，那么就可以做这样的心理暗示：之后的走势也是abc结构，调整的时间预计也在17个小时。

通过分析，让我们的意识转移到第17根K线，避免在到达17根之前出现不必要的恐慌情绪。这些技术分析就是交易的镇静剂。

【图4-196】是之后的走势图。

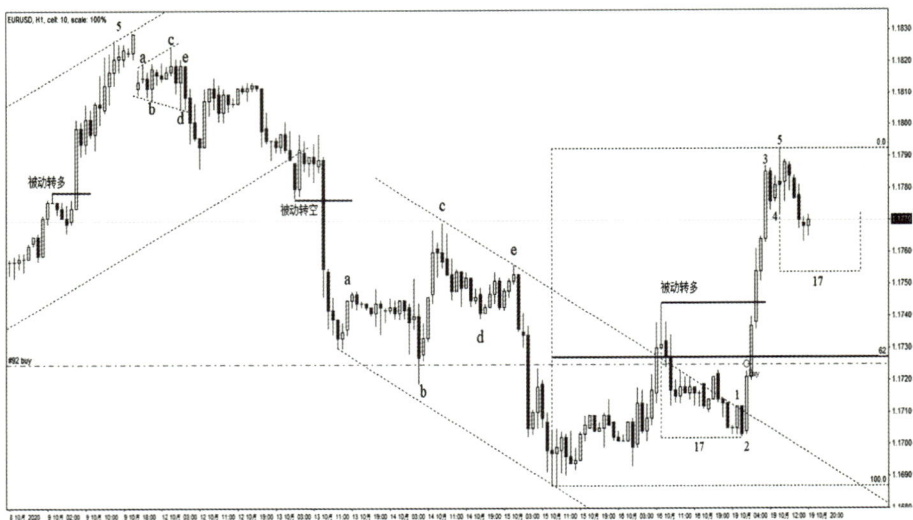

图4-196　欧元兑美元小时走势图

由【图4-196】可以看出，自小5浪后，出现了5根调整，距离17根还有很长的时间，我们需要耐心等待。

时间不到，果子就不会成熟。同样，调整时间不够，没有储备足够的能量，行情也不会提前启动，否则，发射失败的概率较大。

我们很多投资者不是这样思考的，他们臆想每时每刻都有大的行情，每时每刻都想赚大钱，这是不现实的，违背自然规律。

【图 4-197】是之后的走势图。

图4-197　欧元兑美元小时走势图

由【图 4-197】可以看出，调整至第 17 根后，出现了一根大的阳线，留下长的下影线，是行情要发动的重要信号。

有了这样的技术分析，你还会担心价格掉下来吗？因此，我说技术分析是交易心理的物质基础，没有这样的技术分析做保障，就无法保证你能处于一个健康的交易心理状态，市场一会儿阴线，一会儿阳线，会把你折磨得死去活来。

所以，交易能够做到禅定，技术分析是非常重要的，不打无准备之仗。

【图 4-198】是之后的走势图。

【图 4-198】中完成了 7 浪上升，我们已经意识到行情即将进入反转，为什么我们不找机会平仓呢？

我们经过统计，已经知道之前完成了 9 次小的盈利或亏损，距离大的行情越来越近，所以进入这个阶段，不会轻易平仓退出。7 浪后反转，不代表行情彻底转为下降趋势，也有调整后进入更大级别的上升趋势的可能。

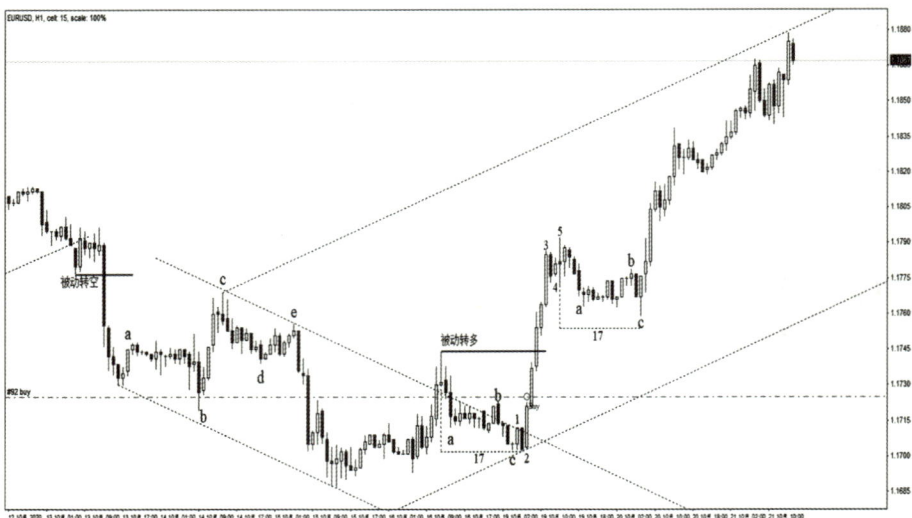

图4-198 欧元兑美元小时走势图

【图4-199】是之后的走势图。

图4-199 欧元兑美元小时走势图

由【图4-199】可以看出，价格突破上升趋势线，并形成启明星，交易系统发出被动转空位置。

【图4-200】是之后的走势图。

图4-200 欧元兑美元小时走势图

【图4-200】中出现了扩张三角形，下跌的概率大于90%。学会察言观色，你就知道在什么时间和空间卖出。我们不采用主动转向交易策略，完全听从趋势交易法交易系统的指令。

【图4-201】是之后的走势图。

图4-201 欧元兑美元小时走势图

由【图4-201】可以看出，价格已经突破并收市于转向位置之下，我们需要及时转向，平仓之前的多头头寸，同时建立相应的空头头寸。

完成24笔交易后盈利曲线图，如【图4-202】所示。

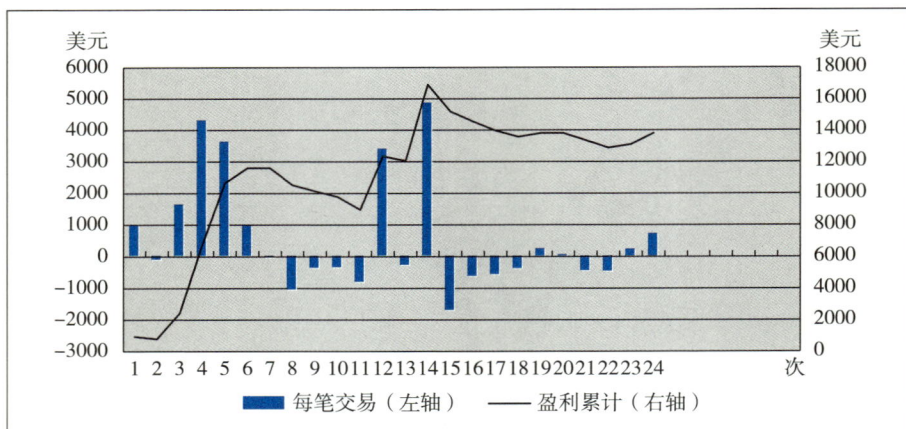

图4-202　24次交易的盈利曲线图

第25笔交易的准确率：（14-11）÷（30-24）=50%，如【图4-203】所示。

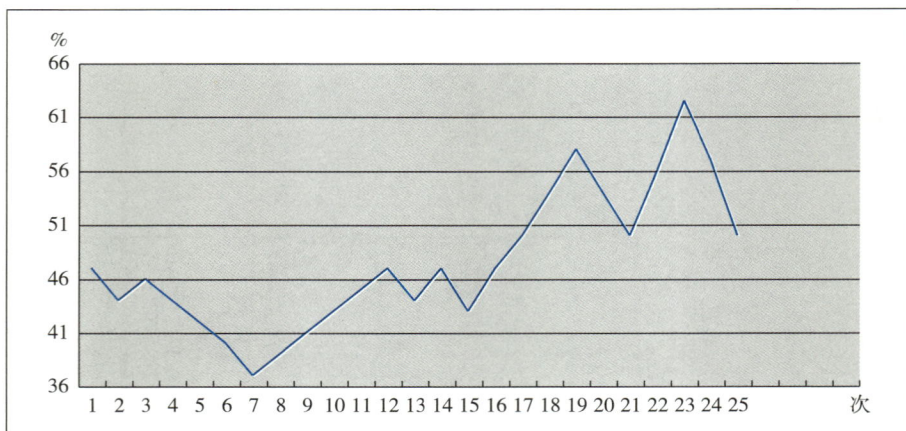

图4-203　每次交易盈利概率图

【图4-204】是之后的走势图。

出现【图4-204】中的锤子线，是否还有逆势交易的冲动？

如果没有，说明之前讲述的内容已经被你的潜意识所接受；如果有，那说明你还是在认识的第一个阶段，不接受任何别人的思想。

图4-204　欧元兑美元小时走势图

　　要想从心底里根除逆势交易，光靠下决心是没有用的。除了要有交易系统的约束，还要学会察言观色，提高自己的交易技术分析水平。

　　【图4-205】是之后的走势图。

图4-205　欧元兑美元小时走势图

　　如果你在之前的锤子线逆势买入，此时你是否有胆量止损后立刻顺势卖出?

　　大多数人不敢。但是你必须培养这样的胆识，因为出现补缺后顺势交易成功的概率较大，你必须勇敢地冲入市场。只要出现这样的情况你都执行相同的操作，那交易就会为你带来丰厚的收益。

　　【图4-206】是之后的走势图。

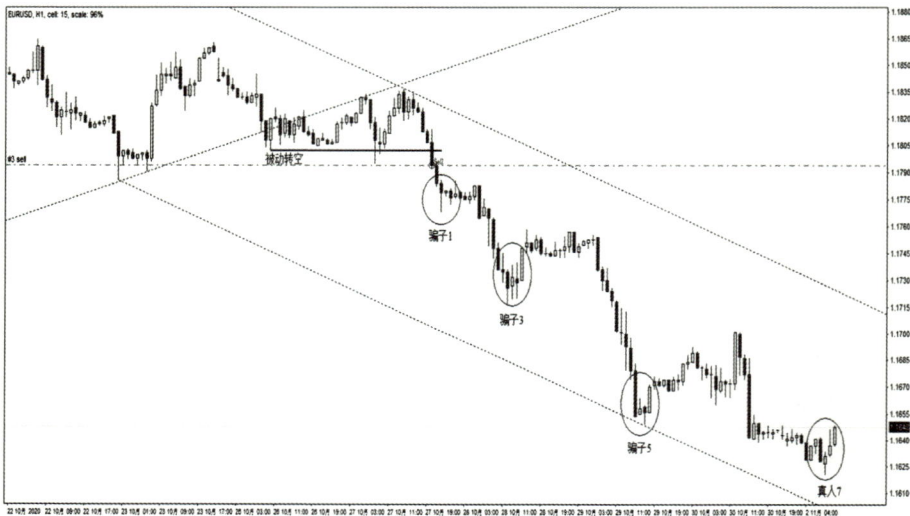

图4-206　欧元兑美元小时走势图

　　由【图4-206】可以看出，在下降过程中，不断出现诱多的骗子（做多信号），如果不能识别，你就很容易上当受骗。

　　结构完整后出现的信号才是真正的反转信号。很多投资者在出现真正的反转信号之前，已经被市场打得遍体鳞伤，在出现真正的转向信号时，早已弹尽粮绝，没有了逆势买入的勇气和资本。所以，交易的成功秘诀是要学会等待。

　　【图4-207】是之后的走势图。

　　由【图4-207】可以看出，价格突破了下降趋势拐点线，没有出现被动转多信号，不可盲目转向。

　　很多习惯逆势交易的投资者，如果错过了之前的"真人7"，就会显得较为激动。因为之前一直逆势交易做多，不停地被市场教训，现在终于轮到他来教训市场了，买入的急切心情难以言表，立刻买入，减少痛苦的等待，是他们的选择。

图4-207 欧元兑美元小时走势图

【图 4-208】是之后的走势图。

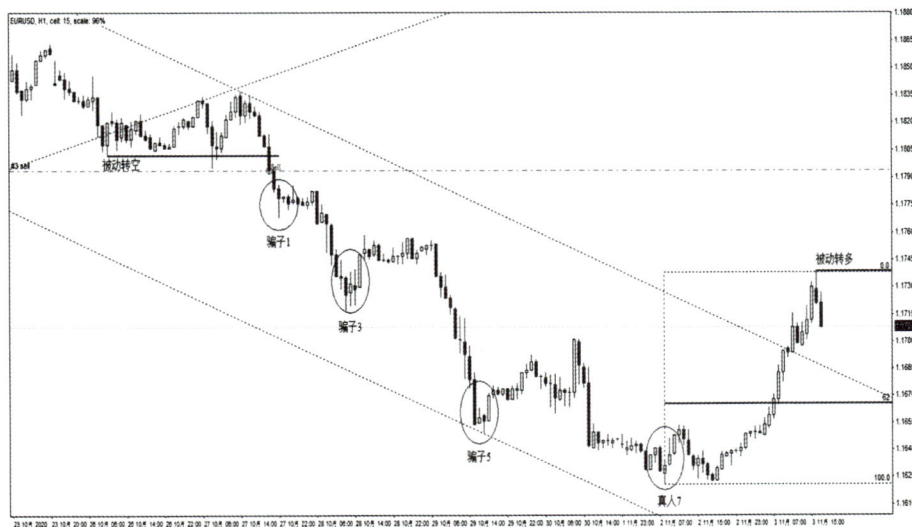

图4-208 欧元兑美元小时走势图

由【图 4-208】可以看出，趋势交易法交易系统给出被动转向位置，我们需要密切关注这个位置，做好转向的心理准备。

【图 4-209】是之后的走势图。

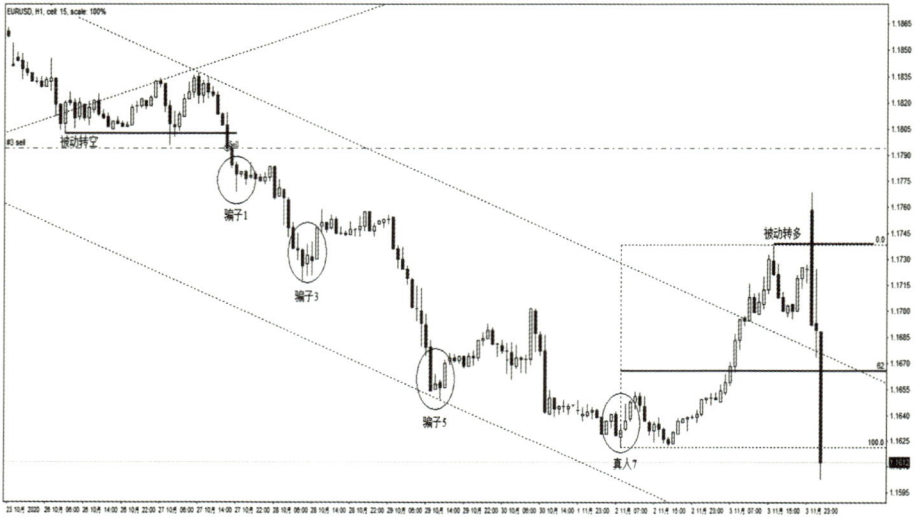

图4-209　欧元兑美元小时走势图

由【图 4-209】可以看出，如果我们在价格突破下降趋势拐点线后，自作聪明，提前入场买入，现在可能没有人有胆量不止损而一直持有多头头寸。

【图 4-210】是之后的走势图。

由【图 4-210】可以看出，价格突破被动转多位置，同时突破下降趋势拐点线，无须等待，直接转向。

试想，如果不听从趋势交易法交易系统的指挥，价格突破下降趋势拐点线后就匆匆入市买入，价格跌破之前的最低点，你将被迫止损后卖出。卖出新的订单之后，现在你又将被动止损后买入。

经过左右"扇耳光"，而且止损都是区间的最大值，我想每一位投资者都忍受不起这样的心理打击，后边的交易持仓就会战战兢兢，一有风吹草动，就会有退出头寸的冲动。

图4-210   欧元兑美元小时走势图

图中的上下震荡，就像航天飞机的点火，"航天飞机"正式起飞了。如果你经过刚才的上下震荡，被市场吓破了胆，不敢入市选择空仓观望，你就上当了。

如果是看对了方向，空仓观望时，投资者的心理是最痛苦的，它甚至比你持有浮动亏损头寸还要痛苦几倍。

完成25笔交易后盈利曲线图，如【图4-211】所示。

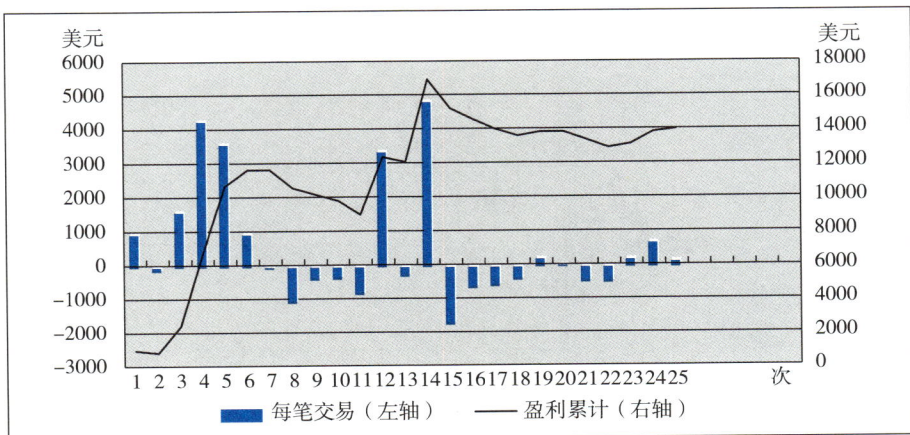

图4-211   25次交易的盈利曲线图

第 26 笔交易的准确率：（14–12）÷（30–25）=40%，如【图 4–212】所示。

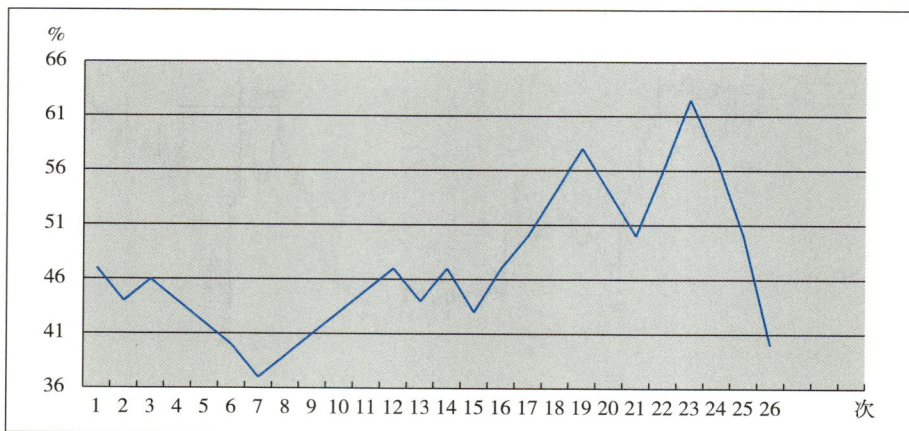

图4-212　每次交易盈利概率图

【图 4–213】是之后的走势图。

由【图 4–213】可以看出，在上升过程中出现骗子 1、骗子 3 和骗子 5，需要你有火眼金睛，看透骗子的本来面目，避免上当受骗。

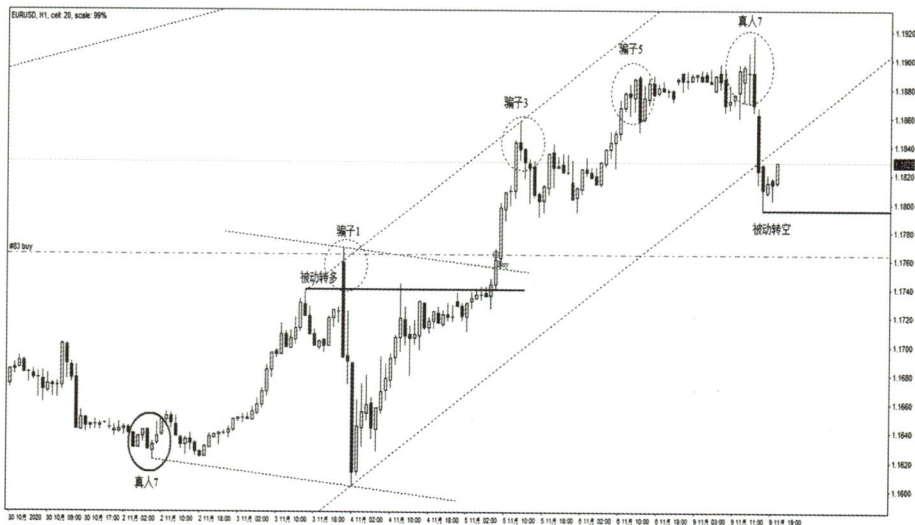

图4-213　欧元兑美元小时走势图

现在想来，依据趋势交易法交易系统，交易就会显得格外轻松，因为我只扮演了交易系统的执行者，而不是交易的决策者。

之前描述的各种非系统交易的心理状态，是每个人都会有的，不管你是成功者，还是失败者。但是如果我是坚定的系统执行者，这些不健康的心理状态，在我的内心没有存在的基础，即便是它不停地向我提交建议，都会被我果断地否决，这是我能够保持轻松交易状态的根本原因。

价格已经突破上升趋势拐点线，并出现被动转空位置，耐心等待反转信号的出现。

【图 4-214】是之后的走势图。

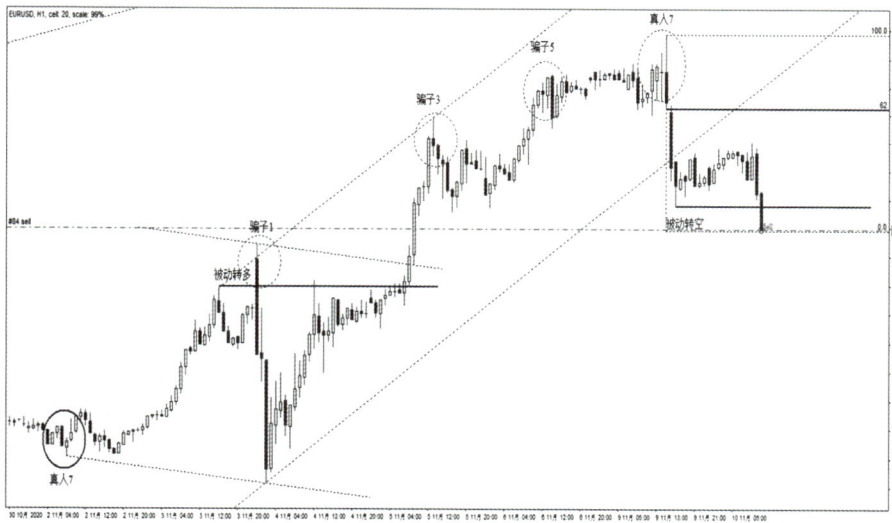

图4-214　欧元兑美元小时走势图

由【图 4-214】可以看出，价格已经突破并收市于被动转空位置之下，我们需要及时转向，平仓之前的多头头寸，立刻建立新的空头头寸。

完成 26 笔交易后盈利曲线图，如【图 4-215】所示。

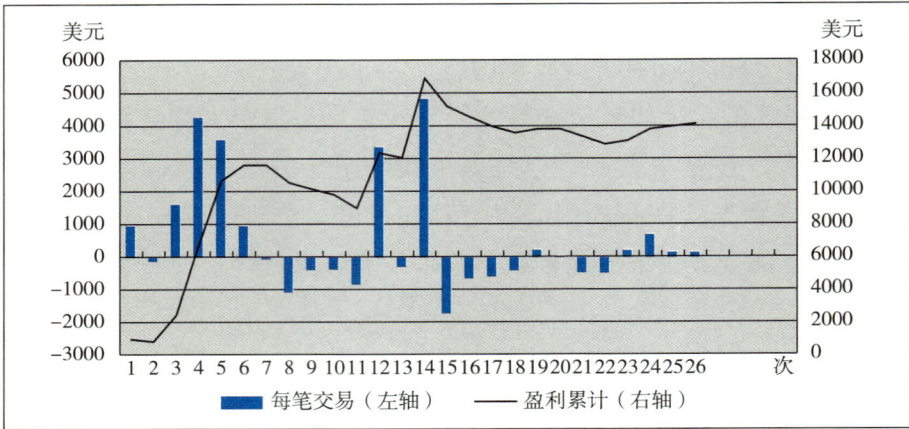

图4-215 26次交易的盈利曲线图

第 27 笔交易的准确率：（14-13）÷（30-26）=25%，如【图 4-216】
所示。

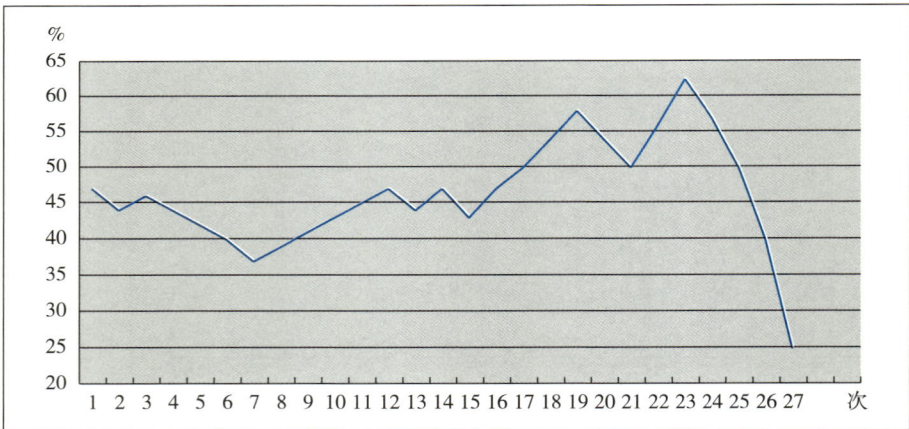

图4-216 每次交易盈利概率图

由【图 4-216】可以看出，交易盈利的概率直线下降，是否意味着我
们没有交易盈利的机会了？

答案是否定的。这只是由于我们设定了数据组的时间为一年造成的，
实际上每笔交易盈亏的概率是固定的，趋于 50%，因为我们的交易永不停

止。不管成功的概率有多低，经过长时间的小亏或小盈，大的盈利一定会出现。

【图 4–217】是之后的走势图。

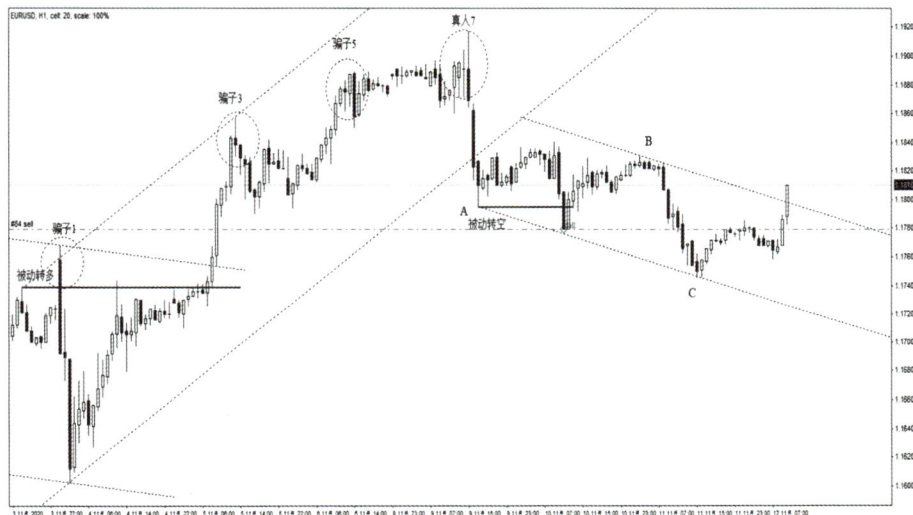

图4–217　欧元兑美元小时走势图

在【图 4–217】中，下降趋势只完成了 3 浪结构就突破了拐点线，这个下跌是调整浪的概率较大，也就是说，之前突破拐点线的上升过程是一个小级别的上升趋势，未来将进入一个更大级别的上升趋势是大概率事件。

你必须提前这样思考，让潜意识有这个心理准备，一旦出现预想的结果，潜意识可以帮助你的行为不出现差错，避免迷路。

【图 4–218】是之后的走势图。

由【图 4–218】可以看出，价格形成黄昏星，出现被动转多信号，我们只需耐心等待交易信号的出现。

保持一种想法是非常重要的。很多投资者随着 K 线的运行，会产生很多不同的想法，一会儿看多，一会儿看空，让潜意识无法捉摸你的真实想法。混乱的思维模式，影响到他们的交易行为，造成该买不买，该卖不卖，不该买买入，不该卖卖出。

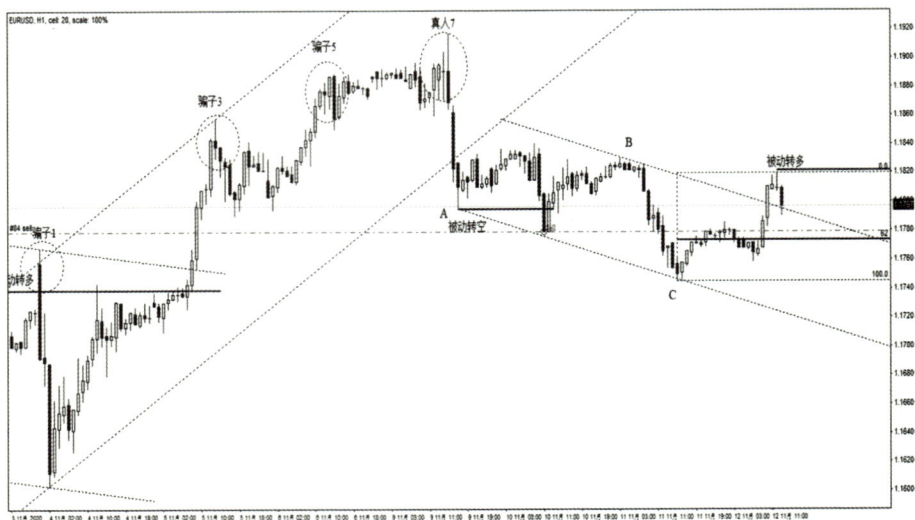

图4-218　欧元兑美元小时走势图

【图 4-219】是之后的走势图。

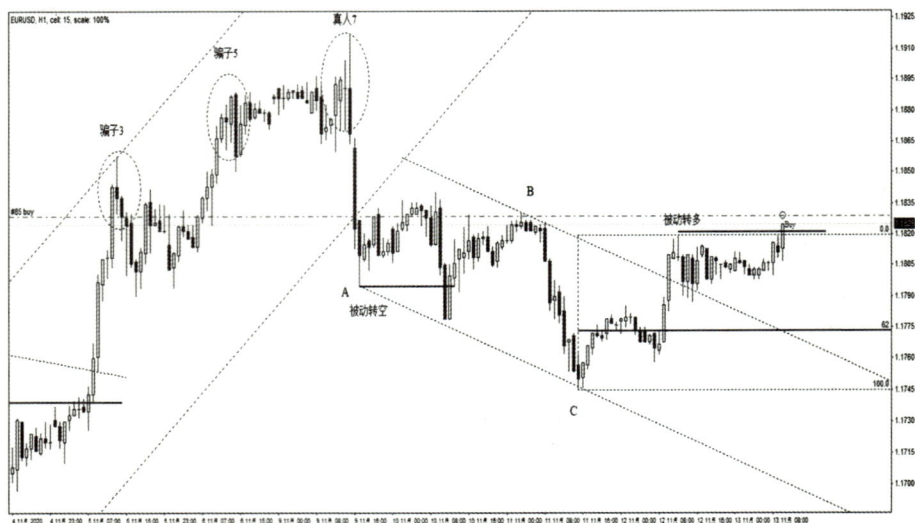

图4-219　欧元兑美元小时走势图

　　由【图 4-219】可以看出，价格突破并收市于被动转多位置之上，我们需要及时转向，平仓之前的空头头寸，立刻建立相应的多头头寸。

　　完成 27 笔交易后盈利曲线图，如【图 4-220】所示。

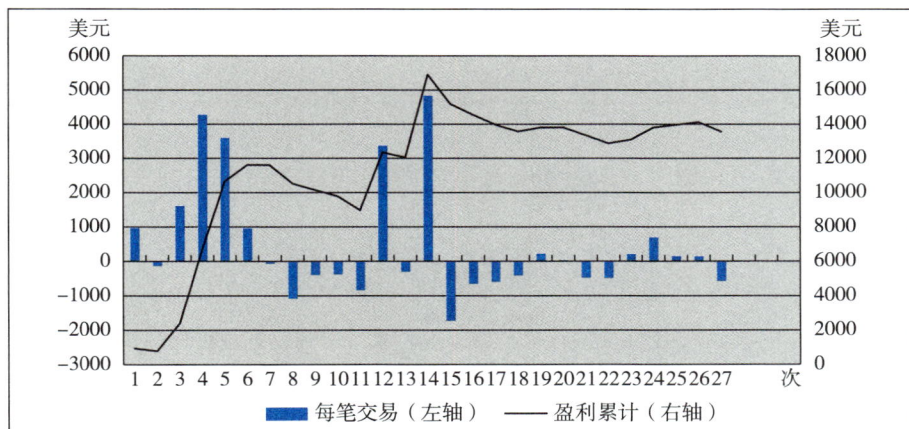

图4-220　27次交易的盈利曲线图

由【图4-220】可以看出，第四次大的盈利之后，已经经过了13次小的盈利或亏损。在西方13也是一个神奇的数字，预示下一次大的行情是大概率事件。

第28笔交易的准确率：（14-13）÷（30-27）=33%，如【图4-221】所示。

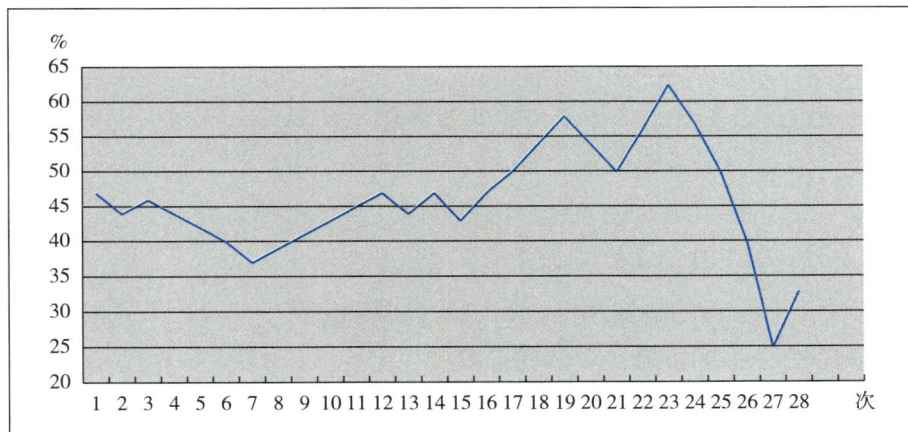

图4-221　每次交易盈利概率图

【图 4-222】是之后的走势图。

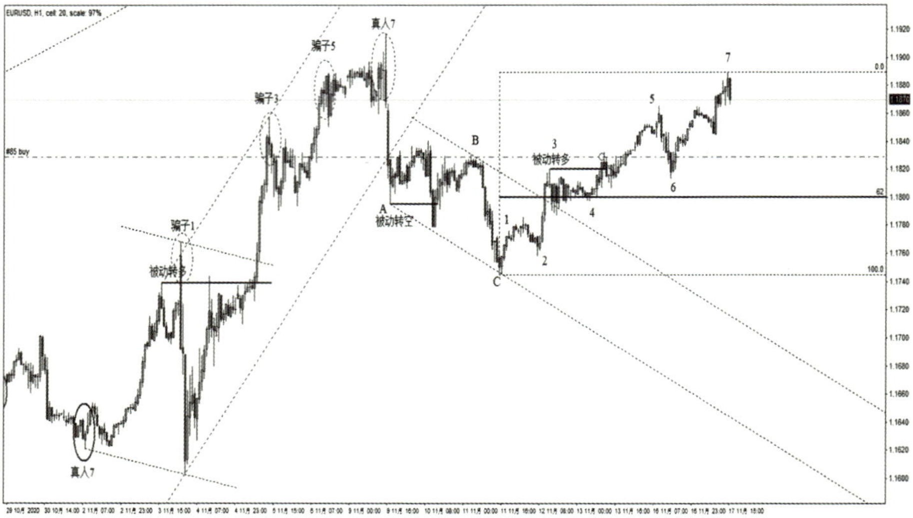

图4-222 欧元兑美元小时走势图

由【图 4-222】可以看出，上升完成了一个小 7 浪结构，我们知道了 7 是反转信号，那么我们应该如何思考，才能保证我们健康的心理状态呢？

此时必须从 ABC 调整浪得到信心，因为 ABC 调整浪是确定性事件，那么之前的上升趋势为大级别的浪 1 也是确定性事件，从而可以推断，目前的小 7 浪是中间级别的浪（1）也是大概率，只要小 7 浪后的下跌不超过 62% 位置，那一定是浪（2），我们可以在潜意识中勾画出未来的走势，浪（3）、浪（4）和浪（5），如【图 4-223】所示。

有了未来运行的轨迹预判，我们就可以避免在小 7 浪后下跌的恐惧。只要不跌破 62% 的位置，我们就可以高枕无忧。

图4-223　欧元兑美元小时走势图

【图4-224】是之后的走势图。

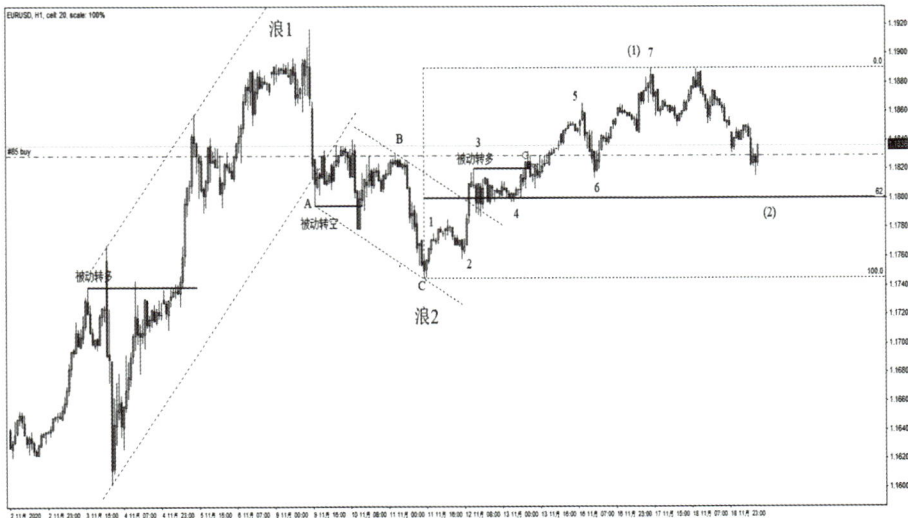

图4-224　欧元兑美元小时走势图

通过技术分析，预测之后的运行轨迹，就是在给自己注射镇静剂。出现【图4-224】中的回调，能够坦然接受。

【图4-225】是之后的走势图。

图4-225　欧元兑美元小时走势图

出现【图 4-225】中的走势，你应该怎么思考呢？

还是要从结构上去分析，因为都是 3 浪结构，说明调整浪是确定性事件，我们就可以坚持之前的走势判断。

【图 4-226】是之后的走势图。

图4-226　欧元兑美元小时走势图

出现【图 4-226】中的扩张三角形，因为上升的概率大于 90%，我们就可以把心放平静，所有的目光集中在最后出现的启明星低点，正好是 62% 的位置。只要这个重要的位置不破，我们就要坚持自己的想法和做法。我们就可以大胆地告诉潜意识，这是一条"大鱼"。

如果我们潜意识中有"这是一条大鱼"的心理意识，你对 62% 这个位置的重视程度就会非常高，之前持有的多头头寸不会轻易退出，这时你才能用人家专家所说的"鳄鱼精神"来保护你的头寸，如果不分场合启动"鳄鱼精神"，一旦逆势交易，那就会死得很惨。

【图 4-227】是之后的走势图。

图4-227　欧元兑美元小时走势图

由【图 4-227】可以看出，这确实是一条"大鱼"，之前损失的所有鱼饵是值得的。

如果没有之前的技术分析做保障，没有健康的交易心理和坚定持仓的交易信念，这条"大鱼"会很容易脱钩。

如果有逆势交易的习惯，你就会截断利润。我把逆势交易比作是偷盗和抢劫行为，俗话说："出来混总是要还的。"逆势交易赚来的钱，睡觉不安稳，所以我们还是不赚的好。交易也像做人一样，你不能贪婪，只赚你应该赚的，不赚不义之财。

【图 4-228】是之后的走势图。

图4-228　欧元兑美元小时走势图

由【图 4-228】可以看出，价格突破了上升趋势拐点线，趋势交易法交易系统给出了卖出信号，我们需要及时平仓，并建立相应的空头头寸。

完成 28 笔交易后盈利曲线图，如【图 4-229】所示。

由【图 4-229】可以看出，第四次大的盈利之后，经过了神奇的 13 之后，终于完成了第 5 次大的盈利。

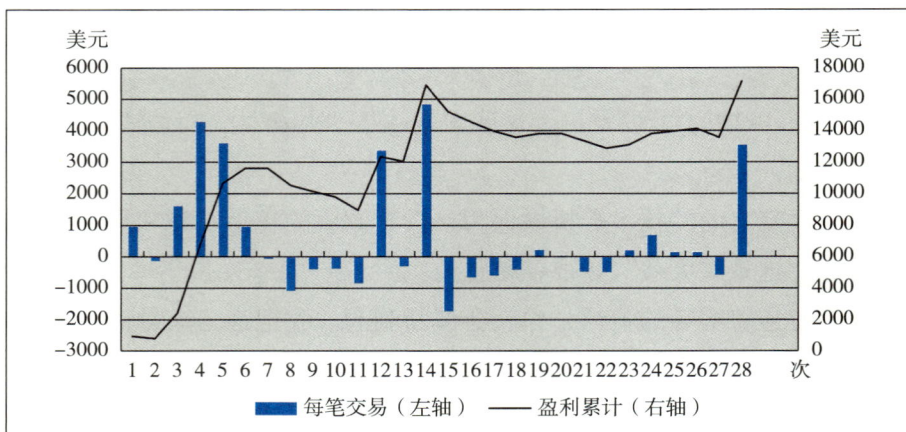

图4-229　28次交易的盈利曲线图

　　第29笔交易的准确率:（14-14）÷（30-28）=0,如【图4-230】
所示。

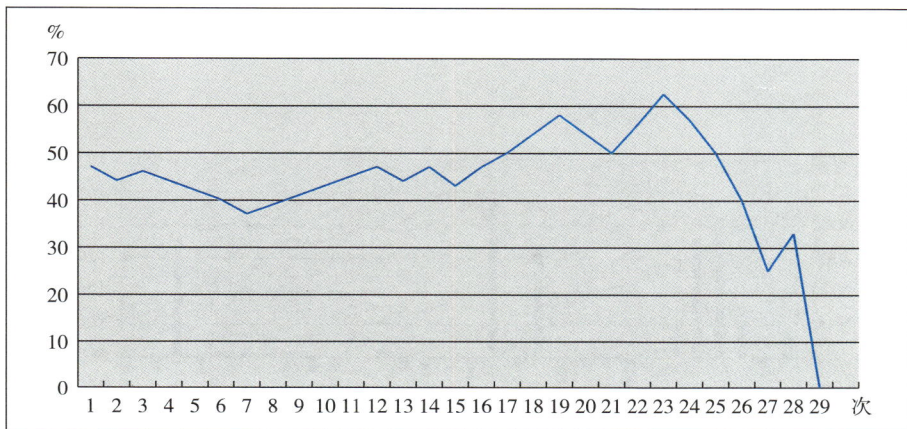

图4-230　每次交易盈利概率图

【图4-231】是之后的走势图。

图4-231　欧元兑美元小时走势图

　　由【图4-231】可以看出,趋势交易法交易系统发出主动转向信号,
及时止损,并建立新的多头头寸。

形成收缩三角形，我们可以确定为调整浪 4，行情维持原来趋势的概率大于 80%，等待浪 5 的出现。

我们需要这样的心理暗示，出现转向信号，才不会犹豫不决。

完成 29 笔交易后盈利曲线图，如【图 4-232】所示。

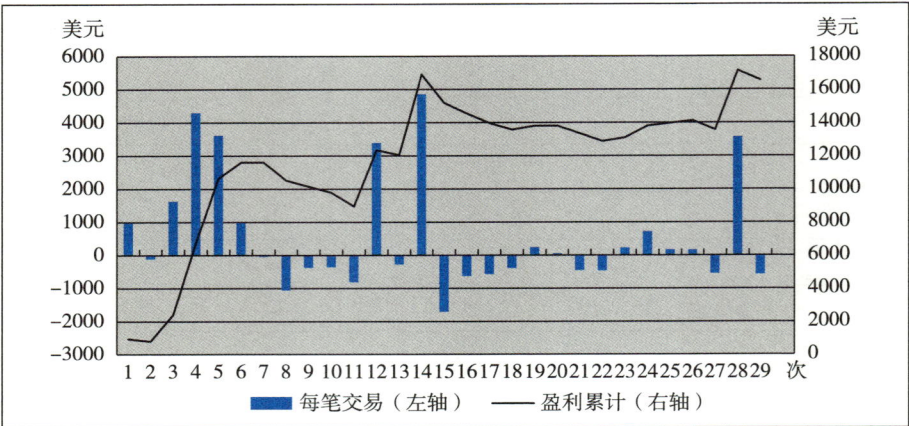

图4-232　29次交易的盈利曲线图

第 30 笔交易的准确率：（14-14）÷（30-29）=0，如【图 4-233】所示。

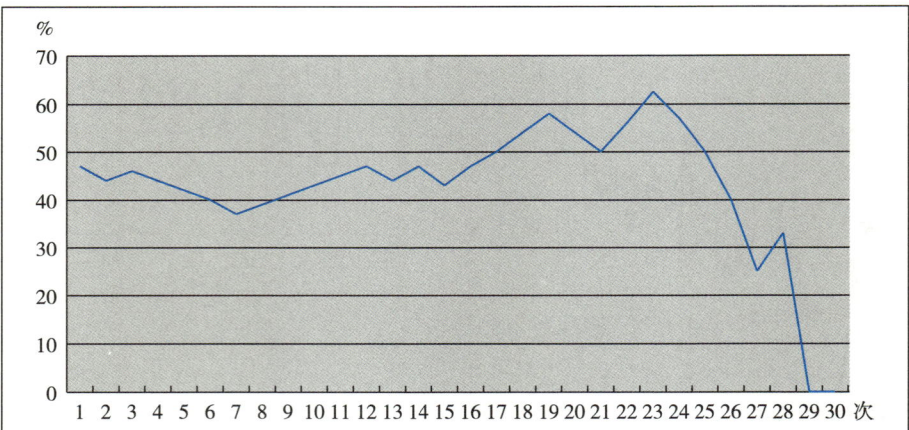

图4-233　每次交易盈利概率图

【图 4-234】是之后的走势图。

图4-234　欧元兑美元小时走势图

【图 4-234】中没有出现转向信号，由于我们以年为数组，所以平仓已有的多头头寸，结束一年的交易。

完成全年 30 笔交易盈利曲线图，如【图 4-235】所示。

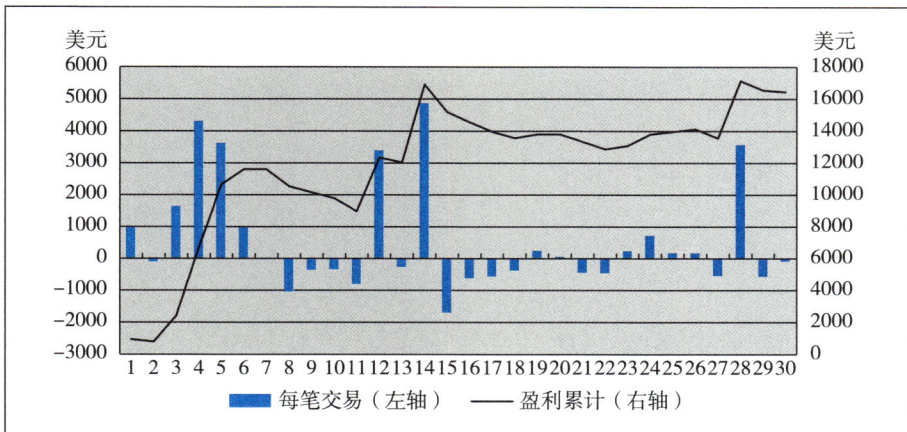

图4-235　30次交易的盈利曲线图

通过 2020 年全年数据的历史复盘，清楚地展示了交易过程中人们的心理变化。通过复盘交易过程和复盘交易心理，你是否会得到以下启示：

211

1. 趋势交易法交易系统是可以帮助你实现持续稳定盈利的有效辅助工具。

2. 执行是交易成功的必要条件。

交易系统发出的任何交易信号，都必须无条件地执行，不能添加任何个人成分，也不能有选择地执行交易系统。

3. 对亏损交易有了新的认知。

亏损交易是不可回避的现实存在。有时我们会出现连续的亏损，连续亏损是我们赚取大的利润的"诱饵"。

4. 交易技术分析是交易心理的镇静剂。

5. 增加了交易的自信心。

通过对交易的展示，可以清楚地展示出你的交易与趋势交易法交易系统的差别，更容易找出你在交易过程中失败的主要原因。

结束语

这本书是为那些已经拥有自己成熟的交易系统，却始终不能实现长期稳定盈利的投资者写的。当然，也可以让那些还没有自己交易系统的投资者认识到交易系统的重要性，尽快建立起自己的交易系统，不再盲目交易。

如果你一下单，就心惊胆战，心跳加速，满身冒汗，不能自控，我建议你多读几遍，直到你不再紧张和恐惧后，再投入到交易中。

我想通过讲述来改变你对交易的想法和做法，排除你交易过程中的心理障碍，不再恐惧和忧虑，恢复你对交易的自信心，将交易调整到最佳状态，真正进入稳定盈利的交易状态，体悟交易给人们带来的快乐。

但是改变一个人的想法是非常困难的，只要你愿意尝试去改变，只要你能坚持，你就会有所改变，理想就有可能变为现实。

通过阅读，希望你能真正了解自己，了解交易市场，知道该如何去控制你的交易心态，如何驾驭市场，不让市场控制你的情绪。哪天你能真正了解你自己了，你就对交易开悟了。

希望这本书能够真正改变你的交易生涯，对亏损的交易形成正确的认识，让你从此大彻大悟，不再执着。

由于我不是心理学的专业人士，可能有些表达不够准确，没有真实表达出我内心的想法，这也许是本书的一点遗憾。但是，如果通过我的大白话讲述，对你的交易确实有所帮助，就达到我写这本书的初衷，我会感到很欣慰。

100 年后地球上没有你也没有我，奋斗一生，你带不走一草一木，交易赚钱只是一场游戏，快乐健康才是交易的真谛。

祝您好运连连！